AF396190

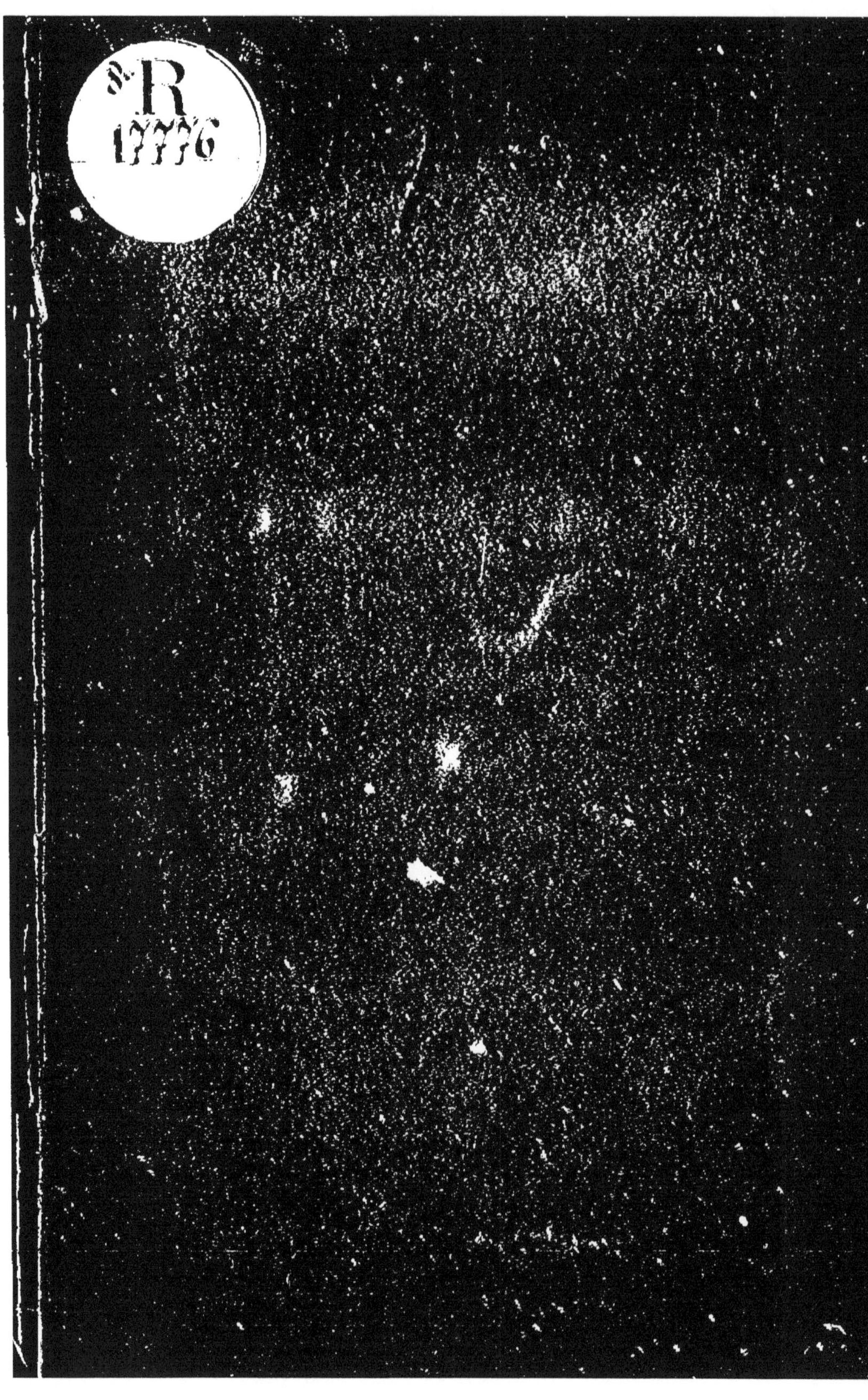

ENSEIGNEMENT CIVIQUE

N° 17

Tout exemplaire qui ne sera pas revêtu des trois signatures ci-dessous sera réputé contrefait.

Les Éditeurs,

INSTRUCTION MORALE ET CIVIQUE

DEUXIÈME PARTIE

ENSEIGNEMENT CIVIQUE

NOTIONS SOMMAIRES DE DROIT PRATIQUE

ET

ENTRETIENS PRÉPARATOIRES A L'ÉTUDE DE L'ÉCONOMIE POLITIQUE

Rédigés conformément au programme du 27 juillet 1882

PAR

LES FRÈRES DES ÉCOLES CHRÉTIENNES

OUVRAGE AUTORISÉ POUR LES ÉCOLES PUBLIQUES
PAR LA CIRCULAIRE MINISTÉRIELLE DU 17 NOVEMBRE 1883

CHEZ LES ÉDITEURS

TOURS	PARIS
ALFRED MAME & FILS	CH. POUSSIELGUE
Imprimeurs-Libraires	Rue Cassette, 15

PRÉFACE

L'enseignement civique a pour but de faire connaître les droits et les devoirs du citoyen ; il comprend nécessairement l'étude de la constitution du pays, de l'organisation des pouvoirs publics, du fonctionnement des administrations, etc.

On ne saurait contester l'utilité d'un pareil enseignement, surtout chez une nation où, par l'exercice du suffrage universel, tout citoyen majeur, qui n'a pas été frappé d'interdiction comme indigne, prend une part plus ou moins directe aux affaires du gouvernement et de l'administration. Cet enseignement n'est pas nouveau. Les leçons d'histoire et de géographie ont toujours fourni aux maîtres l'occasion de donner à leurs élèves des notions sur la forme du gouvernement, sur la hiérarchie militaire, judiciaire, administrative, etc.

Toutefois, depuis longtemps on avait compris l'utilité de résumer et de grouper toutes ces notions dans un ouvrage spécial ; c'était, pensait-on, le moyen d'empêcher qu'elles ne fussent négligées ou même totalement omises. Déjà, sous l'inspiration de la Convention, on avait publié un grand nombre d'ouvrages qui, dans la pensée de leurs auteurs, devaient répondre à ce besoin[1] ; mais ces livres, fortement empreints des passions politiques et antireligieuses de l'époque, devaient disparaître aussitôt que le calme serait rétabli dans les esprits et que les idées seraient redevenues plus saines.

Il n'est pas difficile de se mettre en garde contre de tels excès, et de bien faire connaître aux enfants les institutions

---

[1] Voici les titres de quelques-uns de ces livres : l'*Alphabet des sans-culottes ou Premiers éléments de l'éducation républicaine ; le Nouveau Catéchisme républicain, à l'usage des sans-culottes et de leurs enfants ; les Épîtres et Évangiles du républicain ; la Grammaire républicaine ; les Commandements de la République*, etc.

qui régissent le pays, sans inspirer des sentiments de haine contre aucune catégorie de citoyens, sans induire en erreur sur le passé de la France, et sans chercher à donner de l'éloignement pour la religion, nécessaire à tous les hommes, dans tous les temps, dans tous les pays et sous tous les régimes.

C'est dans cet esprit qu'ont été préparées ces leçons d'*instruction civique*. On ne s'attend pas à nous entendre proclamer que toutes nos lois et toutes nos institutions sont la perfection même. Chacun sait que la voie reste ouverte aux améliorations, — la Constitution elle-même le reconnaît quand elle règle la manière de procéder pour la reviser ou l'amender ; — mais nous croyons qu'il serait dangereux d'entrer à cet égard en de trop longues explications avec des enfants. Il suffit de leur faire comprendre le mécanisme du gouvernement, et de leur exposer clairement, sans donner trop de détails, le fonctionnement des diverses administrations.

On a commencé par la famille, base et image de toute société organisée. On s'est placé ainsi sur un terrain que l'enfant connaît ; de là on passe sans difficulté à l'étude de la commune, puis à celle du département, et enfin on arrive à l'État. Après avoir étudié l'organisation des pouvoirs, on parle des impôts, de la force publique, de la justice, et des diverses administrations par lesquelles il est pourvu à tous les grands services.

De nombreuses notes explicatives ont permis de donner, dans un cadre nécessairement restreint, des renseignements très utiles pour mettre en pleine lumière les questions traitées.

Un résumé condense, à la fin de chaque leçon, en une formule précise, les notions qu'il importe de retenir. On remarquera toutefois qu'un ouvrage de ce genre ne peut tout dire. Il appartient aux maîtres de le compléter. Ils ne manqueront pas, par exemple, de faire connaître à leurs élèves le nom du Président de la République, du président du Conseil des ministres, du Ministre de l'Instruction publique, du préfet de leur département, du sous-préfet de l'arrondissement, du maire et des adjoints de la commune, du souverain Pontife, de l'archevêque métropolitain, de l'évêque diocésain, du doyen, du curé de la paroisse, etc.; de l'inspecteur d'Académie, de l'inspecteur primaire, etc. etc. Ces renseignements sont donnés au fur et à mesure que l'occasion s'en présente.

LOIS CONSTITUTIONNELLES [1]

1º — Loi relative à l'organisation des pouvoirs publics (25 février 1875).

L'Assemblée nationale a adopté la loi dont la teneur suit :

ARTICLE 1er. — Le pouvoir législatif s'exerce par deux assemblées : la Chambre des députés et le Sénat.

La Chambre des députés est nommée par le suffrage universel, dans les conditions déterminées par la loi électorale.

La composition, le mode de nomination et les attributions du Sénat seront réglés par une loi spéciale.

ART. 2. — Le Président de la République est élu à la majorité absolue des suffrages par le Sénat et la Chambre des députés réunis en Assemblée nationale. Il est nommé pour sept ans. Il est rééligible.

ART. 3. — Le Président de la République a l'initiative des lois, concurremment avec les membres des deux Chambres ; il promulgue les lois lorsqu'elles ont été votées par les deux Chambres ; il en surveille et en assure l'exécution.

Il a le droit de faire grâce : les amnisties ne peuvent être accordées que par une loi.

Il dispose de la force armée.

Il nomme à tous les emplois civils et militaires.

Il préside aux solennités nationales ; les envoyés et les ambassadeurs des puissances étrangères sont accrédités auprès de lui.

Chacun des actes du Président de la République doit être contresigné par un ministre.

ART. 4. — (Cet article, relatif à la nomination des membres du conseil

---

1 La *Constitution* ou *loi constitutionnelle* est la loi fondamentale d'un État. Elle détermine la forme du gouvernement, organise les pouvoirs publics, et règle leurs rapports entre eux et avec la nation.

La modification ou revision de la Constitution est partout environnée de beaucoup de précautions.

Nous indiquons les principaux changements apportés à la Constitution de la France depuis un siècle.

1º Constitution du 14 septembre 1791, qui établit la *Monarchie constitutionnelle;* 2º le 21 septembre 1792, proclamation de la *République;* 3º Constitution de l'an I (24 juin 1793); 4º celle du 10 octobre 1793; 5º celle du 22 août 1795 : le *Directoire;* 6º celle du 22 frimaire an VIII, décembre 1799 : le *Consulat;* 7º celle du 2 août 1802 : le *Consulat à vie;* 8º celle de mai 1804 : *Établissement de l'Empire;* 9º le 4 juin 1814, *Charte de la Restauration;* 10º le 22 avril 1815, nouvelle *Constitution impériale,* 11º le 7 juillet 1815, *Charte monarchique;* 12º le 14 août 1830, nouvelle *Charte monarchique;* 13º le 4 novembre 1848 : *Constitution républicaine;* 14º le 14 janvier 1852, graves changements à la *Constitution républicaine;* 15º le 7 novembre 1852 : *Constitution impériale,* modifiée en 1866, 1867, 1869 et 1870; 16º *Constitution républicaine* du 30 août 1871; 17º *Septennat,* établi le 20 novembre 1873; et enfin 18º *Constitution* du 25 février 1875.

d'État, a été abrogé par la loi du 13 juillet 1879, réorganisant le conseil d'État. En vertu de cette loi, le Président de la République nomme en conseil des ministres les membres de cette assemblée.)

Art. 5. — Le Président de la République peut, sur l'avis conforme du Sénat, dissoudre la Chambre des députés avant l'expiration légale de son mandat.

En ce cas, les collèges électoraux sont réunis pour de nouvelles élections dans le délai de deux mois, et la Chambre dans les dix jours qui suivent la clôture des opérations électorales. (Loi du 14 août 1884.)

Art. 6. — Les ministres sont solidairement responsables devant la Chambre de la politique générale du Gouvernement, et, individuellement, de leurs actes personnels.

Le Président de la République n'est responsable que dans le cas de haute trahison.

Art. 7. — En cas de vacance par décès ou par toute autre cause, les deux Chambres réunies procéderont immédiatement à l'élection d'un nouveau président. Dans l'intervalle, le Conseil des ministres est investi du pouvoir exécutif.

Art. 8. — Les Chambres auront le droit, par délibérations séparées, prises dans chacune à la majorité absolue des voix, soit spontanément, soit sur la demande du Président de la République, de déclarer qu'il y a lieu de reviser les lois constitutionnelles.

Après que chacune des deux Chambres aura pris cette résolution, elles se réuniront en Assemblée nationale pour procéder à la revision. Les délibérations portant revision des lois constitutionnelles, en tout ou en partie, devront être prises à la majorité absolue des membres composant l'Assemblée nationale.

Toutefois, pendant la durée des pouvoirs conférés par la loi du 20 novembre 1873 à M. le maréchal de Mac-Mahon, cette revision ne peut avoir lieu que sur la proposition du Président de la République.

La forme républicaine du Gouvernement ne peut faire l'objet d'une proposition de revision.

Les membres des familles ayant régné sur la France sont inéligibles à la présidence de la République. (Lois du 14 août 1884.)

Art. 9. — Le siège du pouvoir exécutif et des deux Chambres est à Versailles [1].

Délibéré en séance publique, à Versailles, les vingt-deux janvier, trois et vingt-cinq février mil huit cent soixante-quinze.

Le Président,   Les Secrétaires,

Signé : L. MARTEL.   *Signé :* Louis DE SÉGUR,

Félix VOISIN, DUCHATEL,

Vicomte BLIN DE BOURDON, VANDIER.

Le Président de la République promulgue la présente loi.

Maréchal DE MAC-MAHON, duc de Magenta.

Le Vice-Président du Conseil, ministre de la guerre,

Général DE CISSEY.

---

1 Cet article a été modifié par l'Assemblée nationale (ou Congrès), réunie comme il est dit en l'article précédent, et qui a fixé à Paris le siège du Gouvernement et des Chambres. — (Loi du 22 juillet 1879). — L'Assemblée nationale se réunit à Versailles.

2° — Loi relative à l'organisation du Sénat
(24 février 1875).

L'Assemblée nationale a adopté la loi dont la teneur suit :

ARTICLE 1er. — Le Sénat se compose de trois cents membres :

Deux cent vingt-cinq élus par les départements et les colonies, et soixante-quinze élus par l'Assemblée nationale.

ART. 2. — Les départements de la Seine et du Nord élisent... (suit la nomenclature des départements et du nombre de sénateurs qu'ils élisent).

ART. 3. — Nul ne peut être sénateur s'il n'est Français, âgé de quarante ans au moins, et s'il ne jouit de ses droits civils et politiques.

ART. 4. — Les sénateurs des départements et des colonies sont élus à la majorité absolue, et, quand il y a lieu, au scrutin de liste, par un collège réuni au chef-lieu du département ou de la colonie, et composé :

1° Des députés ;

2° Des conseillers généraux ;

3° Des conseillers d'arrondissement ;

4° Des délégués élus, un par chaque conseil municipal, parmi les électeurs de la commune.

Dans l'Inde française, les membres du conseil colonial et des conseils locaux sont substitués aux conseillers généraux, aux conseillers d'arrondissement et aux délégués des conseils municipaux.

Ils votent au chef-lieu de chaque établissement.

ART. 5. — Les sénateurs nommés par l'Assemblée sont élus au scrutin de liste et à la majorité absolue des suffrages.

ART. 6. — Les sénateurs des départements et s colonies sont élus pour neuf années et renouvables par tiers tous les .... ans.

Au début de la première session, les départements seront divisés en trois séries, contenant chacune un égal nombre de sénateurs ; il sera procédé, par voie de tirage au sort, à la désignation des séries qui devront être renouvelées à l'expiration de la première et de la deuxième période électorale[1].

ART. 7. — Les sénateurs élus par l'Assemblée sont inamovibles.

En cas de vacance par décès, démission ou autre cause, il sera, dans les deux mois, pourvu au remplacement par le Sénat lui-même.

ART. 8. — Le Sénat a, concurremment avec la Chambre des députés, l'initiative et la confection des lois.

Toutefois les lois des finances doivent être, en premier lieu, présentées à la Chambre des députés et votées par elle.

ART. 9. — Le Sénat peut être constitué en cour de justice pour juger soit le Président de la République, soit les ministres, et pour connaître des attentats contre la sûreté de l'État.

ART. 10. — Il sera procédé à l'élection du Sénat un mois avant l'époque fixée par l'Assemblée nationale pour sa séparation.

Le Sénat entrera en fonctions et se constituera le jour même où l'Assemblée nationale se séparera.

ART. 11. — La présente loi ne pourra être promulguée qu'après le vote définitif de la loi sur les pouvoirs publics.

Délibéré en séance publique, à Versailles, le 24 février 1875.

1 Les premières élections ont eu lieu 30 janvier 1876 ; le premier tiers a été renouvelé le 5 janvier 1879, le second le 8 janvier 1882, le troisième en 1885.
Un second renouvellement du Sénat s'est opéré, par des élections successives et par tiers, en 1888, 1891 et 1894.

3° — Loi sur les rapports des pouvoirs publics (16 juillet 1875).

L'Assemblée nationale a adopté la loi dont la teneur suit :

ARTICLE 1er. — Le Sénat et la Chambre des députés se réunissent chaque année, le second mardi de janvier, à moins d'une convocation antérieure faite par le Président de la République.

Les deux Chambres doivent être réunies en session cinq mois au moins chaque année. La session de l'une commence et finit en même temps que celle de l'autre.

L'article 4 de la loi du 14 août 1884 a supprimé les prières publiques.

ART. 2. — Le Président de la République prononce la clôture de la session. Il a le droit de convoquer extraordinairement les Chambres. Il devra les convoquer, si la demande en est faite, dans l'intervalle des sessions, par la majorité absolue des membres composant chaque Chambre.

Le Président peut ajourner les Chambres. Toutefois l'ajournement ne peut excéder le terme d'un mois, ni avoir lieu plus de deux fois dans la même session.

ART. 3. — Un mois au moins avant le terme légal des pouvoirs du Président de la République, les Chambres devront être réunies en Assemblée nationale, pour procéder à l'élection du nouveau Président.

A défaut de convocation, cette réunion aurait lieu de plein droit le quinzième jour avant l'expiration de ces pouvoirs.

En cas de décès ou de démission du Président de la République, les deux Chambres se réunissent immédiatement de plein droit.

Dans le cas où, par application de l'article 5 de la loi du 25 février 1875, la Chambre des députés se trouverait dissoute au moment où la présidence de la République deviendrait vacante, les collèges électoraux seraient aussitôt convoqués, et le Sénat se réunirait de plein droit.

ART. 4. — Toute assemblée de l'une des deux Chambres qui serait tenue hors du temps de la session commune est illicite et nulle de plein droit, sauf le cas prévu par l'article précédent, et celui où le Sénat est réuni comme cour de justice ; et, dans ce dernier cas, il ne peut exercer que des fonctions judiciaires.

ART. 5. — Les séances du Sénat et celles de la Chambre des députés sont publiques.

Néanmoins chaque Chambre peut se former en comité secret, sur la demande d'un certain nombre de ses membres fixé par le règlement.

Elle décide ensuite, à la majorité absolue, si la séance doit être reprise en public sur le même sujet.

ART. 6. — Le Président de la République communique avec les Chambres par des messages qui sont lus à la tribune par un ministre.

Les ministres ont leur entrée dans les deux Chambres, et doivent être entendus quand ils le demandent. Ils peuvent se faire assister par des commissaires désignés pour la discussion d'un projet de loi déterminé par décret du Président de la République.

ART. 7. — Le Président de la République promulgue les lois dans le mois qui suit la transmission au gouvernement de la loi définitivement adoptée. Il doit promulguer dans les trois jours les lois dont la promulgation, par un vote exprès dans l'une et l'autre Chambres, aura été déclarée urgente.

Dans le délai fixé pour la promulgation, le Président de la République peut, par un message motivé, demander aux deux Chambres une nouvelle délibération, qui ne peut être refusée.

Art. 8. — Le Président de la République notifie et ratifie les traités. Il en donne connaissance aux Chambres aussitôt que l'intérêt et la sûreté de l'État le permettent.

Les traités de paix, de commerce ; les traités qui engagent les finances de l'État ; ceux qui sont relatifs à l'état des personnes et au droit de propriété des Français à l'étranger, ne sont définitifs qu'après avoir été votés par les deux Chambres. Nulle cession, nul échange, nulle adjonction de territoire ne peut avoir lieu qu'en vertu d'une loi.

Art. 9. — Le Président de la République ne peut déclarer la guerre sans l'assentiment préalable des deux Chambres.

Art. 10. — Chacune des Chambres est juge de l'éligibilité de ses membres et de la régularité de leur élection ; elle peut seule recevoir leur démission.

Art. 11. — Le bureau de chacune des deux Chambres est élu chaque année pour la durée de la session, et pour toute session extraordinaire qui aurait lieu avant la session ordinaire de l'année suivante.

Lorsque les deux Chambres se réunissent en Assemblée nationale, le bureau se compose des président, vice-présidents et secrétaires du Sénat.

Art. 12. — Le Président de la République ne peut être mis en accusation que par la Chambre des députés, et ne peut être jugé que par le Sénat. Les ministres peuvent être mis en accusation par la Chambre des députés pour crimes commis dans l'exercice de leurs fonctions. En ce cas, ils sont jugés par le Sénat.

Le Sénat peut être constitué en cour de justice par un décret du Président de la République, rendu en conseil des ministres, pour juger toute personne prévenue d'attentat commis contre la sûreté de l'État.

Si l'instruction est commencée par la justice ordinaire, le décret de convocation du Sénat peut être rendu jusqu'à l'arrêt du renvoi.

Une loi déterminera le mode de procéder pour l'accusation, l'instruction et le jugement.

Art. 13. — Aucun membre de l'une ou de l'autre Chambre ne peut être poursuivi ou recherché à l'occasion des opinions ou votes émis par lui dans l'exercice de ses fonctions.

Art. 14. — Aucun membre de l'une ou de l'autre Chambre ne peut, pendant la durée de la session, être poursuivi ou arrêté en matière criminelle ou correctionnelle, qu'avec l'autorisation de la Chambre dont il fait partie, sauf le cas de flagrant délit.

La détention ou la poursuite d'un membre de l'une ou de l'autre Chambre est suspendue pendant la session, et pour toute sa durée, si la Chambre le requiert.

Délibéré en séance publique, à Versailles, les 22 juin, 7 et 16 juillet 1875.

Loi portant modification aux lois organiques
sur l'organisation du Sénat
et les élections des sénateurs (9 décembre 1884)

Article 1er. — Le Sénat se compose de trois cents membres élus par les départements et les colonies.

Les membres actuels, sans distinction entre les sénateurs élus par l'Assemblée nationale ou le Sénat et ceux qui sont élus par les départements et les colonies, conservent leur mandat pendant le temps pour lequel ils ont été nommés.

Art. 2. — Le département de la Seine élit dix sénateurs.

Le département du Nord élit huit sénateurs.

Les départements des Côtes-du-Nord, Finistère, Gironde, Ille-et-Vilaine, Loire, Loire-Inférieure, Pas-de-Calais, Rhône, Saône-et-Loire, Seine-Inférieure, élisent chacun cinq sénateurs.

L'Aisne, Bouches-du-Rhône, Charente-Inférieure, Dordogne, Haute-Garonne, Isère, Maine-et-Loire, Manche, Morbihan, Puy-de-Dôme, Seine-et-Oise, Somme, élisent chacun quatre sénateurs.

L'Ain, Allier, Ardèche, Ardennes, Aube, Aude, Aveyron, Calvados, Charente, Cher, Corrèze, Corse, Côte-d'Or, Creuse, Doubs, Drôme, Eure, Eure-et-Loir, Gard, Gers, Hérault, Indre, Indre-et-Loire, Jura, Landes, Loir-et-Cher, Haute-Loire, Loiret, Lot, Lot-et-Garonne, Marne, Haute-Marne, Mayenne, Meurthe-et-Moselle, Meuse, Nièvre; Oise, Orne, Basses-Pyrénées, Haute-Saône, Sarthe, Savoie, Haute-Savoie, Seine-et-Marne, Deux-Sèvres, Tarn, Var, Vendée, Vienne, Haute-Vienne, Vosges, Yonne, élisent chacun trois sénateurs.

Les Basses-Alpes, Hautes-Alpes, Alpes-Maritimes, Ariège, Cantal, Lozère, Hautes-Pyrénées, Pyrénées-Orientales, Tarn-et-Garonne, Vaucluse, élisent chacun deux sénateurs.

Le territoire de Belfort, les trois départements de l'Algérie, les quatre colonies de la Martinique, de la Guadeloupe, de la Réunion et des Indes françaises, élisent chacun un sénateur.

Art. 3. — Dans les départements où le nombre des sénateurs est augmenté par la présente loi, l'augmentation s'effectuera à mesure des vacances qui se produiront parmi les sénateurs inamovibles.

A cet effet, il sera, dans la huitaine de la vacance, procédé en séance publique à un tirage au sort, pour déterminer le département qui sera appelé à élire un sénateur.

Cette élection aura lieu dans le délai de trois mois à partir du tirage au sort; toutefois, si la vacance survient dans les six mois qui précèdent le renouvellement triennal, il n'y sera pourvu qu'au moment de ce renouvellement.

Le mandat ainsi conféré expirera en même temps que celui des autres sénateurs appartenant au même département.

Art. 4. — Nul ne peut être sénateur s'il n'est Français, âgé de quarante ans au moins, et s'il ne jouit de ses droits civils et politiques.

Les membres des familles qui ont régné sur la France sont inéligibles au Sénat.

Art. 5. — Les militaires des armées de terre et de mer ne peuvent être élus sénateurs

Sont exceptés de cette disposition :

1° Les maréchaux de France et les amiraux;

2° Les officiers généraux maintenus sans limite d'âge dans la première section du cadre de l'état-major général et non pourvus de commandement;

3° Les officiers généraux ou assimilés placés dans la deuxième section du cadre de l'état-major général;

4° Les militaires des armées de terre et de mer qui appartiennent soit à la réserve de l'armée active, soit à l'armée territoriale.

Art. 6. — Les sénateurs sont élus au scrutin de liste, quand il y a lieu, par un collège réuni au chef-lieu du département ou de la colonie et composé :

1° Des députés;

2° Des conseillers généraux;

3° Des conseillers d'arrondissement;

4° Des délégués élus parmi les électeurs de la commune par chaque conseil municipal.

Les conseils composés de 10 membres éliront 1 délégué.

Les conseils composés de 12 membres éliront 2 délégués.

Les conseils composés de 16 membres éliront 3 délégués.

Les conseils composés de 21 membres éliront 6 délégués.

Les conseils composés de 23 membres éliront 9 délégués.

Les conseils composés de 27 membres éliront 12 délégués.

Les conseils composés de 30 membres éliront 15 délégués.

Les conseils composés de 32 membres éliront 18 délégués.

Les conseils composés de 34 membres éliront 21 délégués.

Les conseils composés de 36 membres et au-dessus éliront 24 délégués.

Le conseil municipal de Paris élira 30 délégués.

Dans l'Inde française, les membres des conseils locaux sont substitués aux conseillers d'arrondissement. Le conseil municipal de Pondichéry élira 5 délégués. Le conseil municipal de Karikal élira 3 délégués. Toutes les autres communes éliront chacune 2 délégués.

Le vote a lieu au chef-lieu de chaque établissement.

ART. 7. — Les membres du Sénat sont élus pour neuf années.

Le Sénat se renouvelle tous les trois ans, conformément à l'ordre des séries de départements et colonies actuellement existantes.

ART. 8. — Les articles 2 (§§ 1 et 2), 3, 4, 5, 8, 14, 16, 19, 23, de la loi organique du 2 août 1875 sur les élections des sénateurs sont modifiés ainsi qu'il suit :

2 (§§ 1 et 2). — Dans chaque conseil municipal, l'élection des délégués se fait sans débat, au scrutin secret, et, le cas échéant, au scrutin de liste, à la majorité absolue des suffrages. Après deux tours de scrutin, la majorité relative suffit, et, en cas d'égalité de suffrages, le plus âgé est élu.

Il est procédé de même et dans la même forme à l'élection des suppléants.

Les conseils qui ont 1, 2 ou 3 délégués à élire nomment 1 suppléant.

Ceux qui élisent 6 ou 9 délégués nomment 2 suppléants.

Ceux qui élisent 12 ou 15 délégués nomment 3 suppléants.

Ceux qui élisent 18 ou 21 délégués nomment 4 suppléants.

Ceux qui élisent 24 délégués nomment 5 suppléants.

Le conseil municipal de Paris nomme 8 suppléants.

Les suppléants remplaceront les délégués en cas de refus ou d'empêchement, selon l'ordre fixé par le nombre des suffrages obtenus par chacun d'eux.

3. — Dans les communes où les fonctions de conseil municipal sont remplies par une délégation spéciale instituée en vertu de l'article 44 de la loi du 5 avril 1884, les délégués et suppléants sénatoriaux seront nommés par l'ancien conseil.

4. — Si les délégués n'ont pas été présents à l'élection, notification leur en est faite dans les vingt-quatre heures par les soins du maire. Ils doivent faire parvenir aux préfets, dans les cinq jours, l'avis de leur acceptation. En cas de refus ou de silence, ils sont remplacés par les suppléants, qui sont alors portés sur la liste comme délégués de la commune.

5. Le procès-verbal de l'élection des délégués et des suppléants est transmis immédiatement au préfet. Il mentionne l'acceptation ou le refus des délégués et suppléants, ainsi que les protestations élevées contre la régularité de l'élection par un ou plusieurs membres du conseil municipal. Une copie de ce procès-verbal est affichée à la porte de la mairie.

8. — Les protestations relatives à l'élection des délégués ou des sup-

1*

pléants sont jugées, sauf recours au conseil d'État, par le conseil de préfecture, et, dans les colonies, par le conseil privé.

Les délégués dont l'élection est annulée parce qu'ils ne remplissent pas une des conditions exigées par la loi, ou pour vice de forme, sont remplacés par les suppléants.

En cas d'annulation de l'élection d'un délégué et de celle d'un suppléant, comme en cas de refus ou de décès de l'un et de l'autre après leur acceptation, il est procédé à de nouvelles élections par le conseil municipal, au jour fixé par un arrêt du préfet.

14. — Le premier scrutin est ouvert à huit heures du matin et fermé à midi. Le second est ouvert à deux heures et fermé à cinq heures. Le troisième est ouvert à sept heures et fermé à dix heures. Les résultats des scrutins sont recensés par le bureau et proclamés immédiatement par le président du collège électoral.

16. — Les réunions électorales pour la nomination des sénateurs pourront être tenues depuis le jour de la promulgation du décret de convocation des électeurs jusqu'au jour du vote inclusivement.

La déclaration prescrite par l'article 2 de la loi du 30 juin 1881 sera faite par deux électeurs au moins.

Les formalités et prescriptions de cet article, ainsi que celles de l'article 3, seront observées.

Les membres du Parlement élus ou électeurs dans le département, les électeurs sénatoriaux délégués et suppléants, et les candidats ou leur mandataire, peuvent seuls assister à ces réunions.

L'autorité municipale veillera à ce que nulle autre personne ne s'y introduise.

Les délégués et suppléants justifieront de leur qualité par un certificat du maire de la commune, les candidats ou mandataires par un certificat du fonctionnaire qui aura reçu la déclaration dont il est parlé au § 2.

19. — Toute tentative de corruption ou de contrainte par l'emploi des moyens énoncés dans les articles 177 et suivants du code pénal, pour influencer le vote d'un électeur ou le déterminer à s'abstenir de voter, sera punie d'un emprisonnement de trois mois à deux ans, et d'une amende de 50 à 500 francs, ou de l'une de ces deux peines seulement.

L'article 463 du code pénal est applicable aux peines édictées par le présent article.

23. — Il est pourvu aux vacances survenant par suite de décès ou de démission des sénateurs, dans le délai de trois mois ; toutefois, si la vacance survient dans les six mois qui précèdent le renouvellement triennal, il n'y est pourvu qu'au moment de ce renouvellement.

ART. 9. — Sont abrogés :

1° Les articles 1 à 7 de la loi du 24 février 1875 sur l'organisation du Sénat ;

2° Les articles 24 et 25 de la loi du 2 août 1875 sur les élections des sénateurs.

Loi ayant pour objet de modifier la loi électorale
(16 juin 1885).

Article 1er. — Les membres de la Chambre des députés sont élus au scrutin de liste.

Art. 2. — Chaque département élit le nombre de députés qui lui est attribué par le tableau annexé à la présente loi, à raison d'un député par soixante-dix mille habitants, les étrangers non compris. Néanmoins il sera tenu compte de toute fraction inférieure à soixante-dix mille.

Chaque département élit au moins trois députés.

Il est attribué deux députés au territoire de Belfort, six à l'Algérie et dix aux colonies, conformément aux indications du tableau.

Ce tableau ne pourra être modifié que par une loi.

Art. 3. — Le département forme une seule circonscription.

Art. 4. — Les membres des familles qui ont régné sur la France sont inéligibles à la Chambre des députés.

Art. 5. — Nul n'est élu au premier tour de scrutin, s'il n'a réuni :

1° La majorité absolue des suffrages exprimés ;

2° Un nombre de suffrages égal au quart du nombre des électeurs inscrits.

Au deuxième tour, la majorité relative suffit.

En cas d'égalité de suffrages, le plus âgé des candidats est élu.

Art. 6. — Sauf le cas de dissolution, prévu et réglé par la Constitution, les élections générales ont lieu dans les soixante jours qui précèdent l'expiration des pouvoirs de la Chambre des députés.

Art. 7. — Il n'est pas pourvu aux vacances survenues dans les six mois qui précèdent le renouvellement de la Chambre.

Loi rétablissant le scrutin uninominal pour l'élection
des députés (13 février 1889).

Article 1er. — Les articles 1, 2 et 3 de la loi du 16 juin 1885 sont abrogés.

Art. 2. — Les membres de la Chambre des députés sont élus au scrutin individuel. Chaque arrondissement administratif dans les départements et chaque arrondissement municipal à Paris et à Lyon nomme un député. Les arrondissements dont la population dépasse 100 000 habitants nomment un député de plus par 100 000 ou section de 100 000 habitants. Les arrondissements, dans ce cas, sont divisés en circonscriptions dont le tableau est annexé à la présente loi et ne pourra être modifié que par une loi.

Art. 3. — Il est attribué un député au territoire de Belfort, six à l'Algérie et dix aux colonies conformément aux indications du tableau.

Art. 4. — A partir de la promulgation de la présente loi, jusqu'au renouvellement de la Chambre des députés, il ne sera pas pourvu au remplacement des députés dont les sièges seront vacants.

INSTRUCTION CIVIQUE

DROIT USUEL, NOTIONS D'ÉCONOMIE POLITIQUE

Programme officiel de l'enseignement dans les écoles primaires
27 Juillet 1882

Cours élémentaire. — Explications très familières, à propos de la lecture, des mots pouvant éveiller une idée nationale, tels que : citoyen, soldat, armée, patrie ; — commune, canton, département, nation ; — loi, justice, force publique, etc.

Cours moyen. — Notions très sommaires sur l'organisation de la France.

Le citoyen, ses obligations et ses droits, l'obligation scolaire, le service militaire, l'impôt, le suffrage universel.

La commune, le maire, le conseil municipal.

Le département, le préfet et le conseil général.

L'État, le pouvoir législatif, le pouvoir exécutif, la justice.

Cours supérieur. — Notions plus approfondies sur l'organisation politique, administrative et judiciaire de la France :

La Constitution, le Président de la République, le Sénat, la Chambre des députés, la loi ; — l'administration centrale, départementale et communale, les diverses autorités ; — la justice civile et pénale ; — l'enseignement, ses divers degrés ; — la force publique, l'armée.

Notions très élémentaires de droit pratique :

L'état civil, la protection des mineurs ; — la propriété, les successions ; — les contrats les plus usuels, vente, louage, etc.

Entretiens préparatoires à l'intelligence des notions les plus élémentaires d'économie politique : l'homme et ses besoins, la société et ses avantages ; les matières premières, le capital, le travail et l'association. La production et l'échange ; l'épargne ; les sociétés de prévoyance, de secours mutuels, de retraite.

INDEX

Des parties de cet ouvrage qui se rapportent à chacun des trois cours

Cours élémentaire. — On peut prendre pour texte d'une explication le n° 1 de chaque résumé des leçons. Si quelqu'une de ces notions est trop difficile, on la passe. Notre *Cours élémentaire de Géographie,* d'ailleurs, débute par une série de questions qui permettent de donner à peu près tout l'enseignement civique qme peut recevoir l'élève du *Cours élémentaire.*

Cours moyen. — Les leçons I, III, IV, V, VI, VIII, IX, XII, XIV, XVI, XVII, XVIII, XXI, XXIII, XXV de l'*Enseignement civique.*

Cours supérieur. — Tout l'ouvrage.

ENSEIGNEMENT CIVIQUE

La famille, image de la société. — Dieu a créé l'homme avec des besoins et des aspirations qui le mettent pour beaucoup de choses sous la dépendance de ses semblables, et qui lui font trouver une satisfaction réelle et d'un ordre élevé dans ses relations obligées avec ses proches, ses amis, ses concitoyens. C'est ainsi que, naturellement, s'établissent les liens sociaux. Le premier et le plus intime de ces liens est celui qui unit entre eux les membres d'une même famille. La famille est la première société constituée; elle est restée le *type* et le *fondement* de toute société.

Elle en est le type, car on y trouve l'autorité, dont les parents sont les dépositaires; autorité qui s'impose par des ordres, s'insinue par des exhortations affectueuses, se fait respecter et obéir en distribuant les récompenses et les châtiments, et confie à chacun son emploi, à l'avantage de tous.

N'est-ce point là l'image d'un État où le souverain commande, fait des lois, rend la justice, administre et gouverne pour le plus grand bien du pays?

D'autre part, les enfants ont des obligations envers leurs parents. La reconnaissance pour la tendresse dont ils sont l'objet, le respect pour l'autorité paternelle, le dévouement aux intérêts de la famille, le souci de son honneur, la sollicitude pour la santé de tous les membres qui la composent, le zèle pour la conservation de ses biens, et, par-dessus tout, le culte des traditions de vertu, de moralité, de religion, qu'ont laissées les ancêtres : tel est le résumé des devoirs qu'impose la piété filiale.

Nous retrouvons dans toute organisation sociale, commune, département, État, de semblables prérogatives, avec des devoirs réciproques analogues.

La famille cependant a quelque chose de plus que les

autres formes de la société. A son foyer s'assied la mère,
qui personnifie toutes les tendresses, toutes les sollicitudes,
toutes les délicatesses. Pour retrouver hors de la famille la
charité qui rappelle l'idée de l'amour maternel, il faut
visiter les asiles où la religion vient elle-même présider
aux œuvres de miséricorde; il faut la voir enseignant les
ignorants, soignant les malades, ensevelissant les morts,
veillant au chevet des vieillards, se penchant sur le grabat
du pauvre, et embrassant jusqu'au malheureux qui l'insulte
et l'outrage.

Ce qui fait la force et la dignité de la famille, c'est qu'elle
est établie sur des bases posées par Dieu lui-même : l'indissolubilité du mariage et le quatrième précepte du Déca-
logue.

Ce précepte divin fait aussi la force des sociétés, auxquelles il est parfaitement applicable; car les dépositaires
du pouvoir et les magistrats ont des droits et des devoirs
analogues à ceux des parents, et les citoyens ont, à l'égard
de la société, les mêmes obligations que les enfants envers
la famille.

La famille, fondement de la société. — La famille
n'est pas seulement le *type* de toute société; elle en est aussi
le *fondement*. Qu'on imagine une société où la famille aurait
cessé d'être ce qu'elle est, où le père n'aurait plus l'autorité
nécessaire, où la mère manquerait de tendresse et de dévouement, où les enfants seraient indociles, désobéissants,
irrespectueux; quelle serait la situation des personnes revê-
tues de l'autorité, et dont la mission est de veiller à la
tranquillité, à la paix, à la moralité publique? où seraient
l'union, la concorde, la vertu, le dévouement, la force des
lois? Et qui peut douter que les maux dont nos sociétés modernes sont travaillées ne viennent principalement de ce que
la famille est ébranlée? L'autorité y est amoindrie, le respect y est affaibli, trop souvent la vertu en est bannie.

Ce n'est pas en vain que l'on s'affranchit de ce précepte
divin, sauvegarde des individus et des nations : « Honore
ton père et ta mère, afin que tu vives longuement. »

Résumé.

1° Dieu a créé l'homme avec des besoins et des aspirations qui l'obligent
à vivre en société.

2° La famille est la première société organisée; elle est aussi le premier
élément de l'organisation sociale.

3° Elle en est l'image et le fondement. Le père y exerce l'autorité, comme le souverain dans l'État ; il gouverne sa famille comme le souverain gouverne la nation.

4° Les enfants obéissent aux ordres de leurs parents, de même les citoyens obéissent aux lois ; ils aiment leur famille, comme les citoyens doivent aimer leur patrie.

5° Dans la société, la religion, par sa tendresse et sa charité, remplit une mission analogue à celle de la mère dans la famille.

6° Quand la famille est ébranlée, la société est menacée de dissolution.

II. — ORGANISATION DE LA FAMILLE

Le mariage, base de la famille. — Le mariage est la source des familles qui elles-mêmes sont la base de la société. Cette union donne aux époux des droits et leur impose des devoirs. Le mari est le chef de la famille ; sa femme lui doit le respect et la soumission ; mais elle a droit à sa protection. La religion et la loi civile sont d'accord pour proclamer que les époux se doivent mutuellement fidélité, secours et assistance.

D'après la loi, la femme doit suivre son mari dans le domicile qu'il s'est choisi ; elle ne peut, sans son autorisation, plaider, vendre, acheter, ni faire aucun contrat.

Tous les deux ont la même autorité sur les enfants, et sont placés, à beaucoup d'égards, grâce à la religion, sur un pied de parfaite égalité.

Il (le christianisme) établit avec une entière clarté l'égalité de toutes les âmes devant Dieu, sans distinction de sexe, de classe ou de nation. Il consacre le mariage par la bénédiction divine, et il en déclare l'indissolubilité... Il assigne un but sublime à toute existence humaine : il ne confine pas la femme dans la pratique des devoirs inférieurs, mais il l'appelle à pratiquer, comme l'homme, les plus nobles vertus, à s'élever, comme lui, par la foi, aux plus hautes spéculations, et à participer au même titre que lui au salut éternel. Le mari et la femme occupent le même rang dans la famille chrétienne, ont la même autorité sur les enfants, la même responsabilité morale, les mêmes devoirs réciproques d'amour et de fidélité[1].

Autorité des parents sur les enfants. — Les parents ont autorité sur leurs enfants ; ils ont des droits sur leur personne et sur leurs biens[2].

Les droits sur la personne permettent de corriger les

[1] *Dictionnaire pédagogique* ; Hachette et Cie.

[2] On sait qu'un enfant peut, même du vivant de ses parents, posséder personnellement des biens. Par exemple, Pierre, en mourant, laisse par testament cinq mille francs à son neveu et filleul Paul ; Paul devient propriétaire de ces cinq mille francs ; mais, s'il n'est pas majeur, il n'en peut disposer.

enfants mineurs, et même de les faire détenir dans une maison de correction pendant un mois, si l'enfant a moins de seize ans, et pendant six mois s'il a dépassé cet âge.

Les droits sur les biens permettent aux parents de jouir des revenus des biens que peuvent posséder leurs enfants, jusqu'à ce que ceux-ci aient atteint leur dix-huitième année. Lorsque l'enfant a dix-huit ans, les parents administrent encore ses revenus, mais ils lui doivent compte de l'emploi qu'ils en font depuis ce moment jusqu'à sa majorité.

Devoirs des parents. — Les parents doivent les *aliments* à leurs enfants jusqu'à ce que ceux-ci puissent pourvoir eux-mêmes à leurs besoins. Par ce mot : *aliments*, la loi désigne tout ce qui concerne la nourriture, le logement et le vêtement. Ils leur doivent aussi l'*éducation*. Pourraient-ils être moins obligés de veiller aux intérêts moraux et intellectuels qu'aux intérêts matériels de leurs enfants? Il est difficile toutefois de dire jusqu'où s'étend cette obligation; elle dépend en grande partie de la fortune des parents. C'est donc à leur conscience à décider ce qu'ils peuvent faire dans cet ordre d'idées; mais ils doivent prendre au sérieux une obligation naturelle dont personne ne peut les décharger. Qu'il nous soit permis de citer à l'appui de cette doctrine le passage suivant, emprunté à un écrivain philosophe :

Voici à quels symptômes vous reconnaîtrez que la décadence d'un peuple est profonde : c'est quand le hasard des révolutions changera vingt fois en un quart de siècle le système d'éducation, sans lasser la patience et la docilité des pères de famille. On dit : « J'ai mis mon fils en état de faire son chemin dans le monde. » Il faudrait pouvoir dire : « Je l'ai préparé à faire son devoir dans le monde. » Si nous étions sincères dans nos lamentations sur l'abaissement des esprits et des caractères, nous verrait-on traiter l'éducation de nos fils comme une affaire, et compter pour perdu le temps qu'ils ne passent pas à se préparer à un métier[1]?

Nous verrons que la loi oblige tous les parents à donner ou à faire donner à leurs enfants au moins l'instruction primaire.

Devoirs des enfants. — Les enfants doivent à leurs parents le respect, la soumission, la reconnaissance, l'amour, l'assistance.

Ils ne peuvent, sans l'autorisation de leurs parents, faire aucun contrat avant l'âge de vingt et un ans. Cette mesure légale les préserve des entraînements et des périls aux-

Jules Simon.

quels les exposerait leur inexpérience. Quand les parents consentent à émanciper[1] leurs enfants à dix-huit ans, ceux-ci acquièrent alors la capacité nécessaire pour faire quelques-uns des actes de propriété que le droit commun ne permet qu'aux individus majeurs.

En cas de décès du père ou de la mère ou de tous les deux, les enfants ne sont point abandonnés. La loi leur donne un tuteur pour gérer leurs biens, et un conseil de famille pour contrôler la gestion du tuteur. Ce conseil de famille a pour président le juge de paix du canton, et pour membres, des parents de l'enfant mineur. Le tuteur doit remplir à l'égard de son pupille les obligations des parents dont il tient la place. Il a droit, en retour, à la déférence, au respect, à la reconnaissance.

Les enfants sont tenus de fournir à leurs parents âgés les aliments et les autres secours dont ils peuvent avoir besoin, suivant leur condition. Cette obligation reste entière alors même que les parents, comme il peut arriver, auraient négligé d'accomplir quelques-uns de leurs devoirs envers leurs enfants.

Notre piété envers nos parents s'accroît de tout le respect que leurs vertus nous inspirent, et de toute la reconnaissance que nous devons à leurs bienfaits; mais elle ne ressemble à aucun autre sentiment; elle tient plus profondément à nos entrailles; nous sentons qu'elle fait partie de nous-mêmes, et qu'elle pourrait être affaiblie, mais non effacée par la mauvaise conduite ou l'indifférence de nos parents. Épictète dit très bien : « Tu as un mauvais père; sa malice ne te dispense de rien. La loi est d'honorer ton père et non pas un bon père. Un mauvais père? cela le regarde, et non pas toi; le précepte est absolu. Il ne dépend pas de la méchanceté d'autrui de t'affranchir de tes devoirs[2]. »

Successions. — Autrefois la loi accordait, après la mort des parents, la presque totalité de leurs biens à l'aîné des enfants, du moins dans les familles nobles. Aujourd'hui tous les enfants sont héritiers au même titre. Les parents ne peuvent que dans des limites déterminées disposer par testament de leurs biens. La loi donne ainsi aux enfants une sorte de droit en expectative[3] sur les biens de leurs parents.

---

[1] *Émanciper*, conférer à un mineur la libre *jouissance* de ses revenus et l'*administration* de ses biens, dont il ne peut disposer qu'avec l'assistance d'un *curateur*. On appelle droits *civils* ceux qui permettent de faire les actes de la vie civile : achat, vente, contrats, procès, etc. Les droits *civiques* ou politiques permettent d'accomplir les actes de la vie politique : voter, se présenter aux élections, etc.

[2] Jules Simon.

[3] *En expectative*, de *expectare*, attendre en espérant. Un droit *en expectative* est un droit dont on jouira plus tard.

On appelle *quotité*[1] *disponible*[2] la portion dont les parents peuvent disposer par testament soit en faveur de quelqu'un de leurs enfants, soit en faveur d'autres personnes. Quand il n'y a qu'un enfant, la quotité disponible est de la moitié des biens; quand il y en a deux, du tiers; quand il y en a trois ou plus, du quart.

Au contraire, on appelle *réserve*, la portion des biens qui ne peut être diminuée par aucun acte de libéralité, au détriment des descendants ou ascendants en ligne directe, qui sont dits *réservataires*.

Cette loi empêche, d'une part, que des parents, dans une heure de mécontentement, privent leurs enfants d'une trop forte portion de leur héritage, et, d'un autre côté, en leur conservant dans une certaine mesure le droit de tester[3], elle leur permet de réduire la part de ceux des enfants qui auraient donné de fâcheux exemples d'inconduite, nécessité des sacrifices pour payer des dettes, etc.

Telles sont, dans leurs principes généraux, les lois qui régissent la famille en France. Puissent-elles suffire à maintenir dans toute sa vigueur une institution qui ne peut être atteinte sans danger pour la nation !

Résumé.

1° Le mari est le chef de la famille. La femme ne peut ni vendre, ni acheter, ni faire aucun contrat sans son autorisation.

2° Grâce à la religion, le mari et la femme sont, à beaucoup d'égards, sur un pied de parfaite égalité. Ils ont la même autorité sur les enfants, qui sont tenus aux mêmes devoirs envers chacun d'eux.

3° Les parents peuvent faire enfermer leurs enfants mineurs dans une maison de correction pendant l'espace d'un à six mois.

4° Les parents gèrent les biens de leurs enfants mineurs.

5° Ils doivent à leurs enfants les aliments, ainsi que l'éducation.

6° Les enfants doivent à leurs parents le respect, la soumission, la reconnaissance, l'amour, l'assistance.

7° Ils leur doivent les aliments et autres choses nécessaires à la vie.

8° Les torts des parents à l'égard de leurs enfants ne peuvent être pour ceux-ci un motif de s'affranchir de leurs devoirs.

9° Les enfants héritent des biens de leurs parents en parts égales, à moins que ceux-ci n'aient disposé en tout ou en partie de la *quotité disponible.*

[1] *Quotité,* du latin *quot, combien...* Quotité disponible signifie donc *combien* ou *quelle portion est disponible.*

[2] *Disponible,* de *disponere, disposer,* c'est-à-dire faire un libre emploi. Somme disponible : somme dont on peut disposer.

[3] *Tester,* faire son testament.

III. — LA COMMUNE [1]

Définition. — La commune est la plus petite des circonscriptions administratives. Elle jouit de la personnalité civile [2], c'est-à-dire qu'elle peut, de même qu'une personne, mais avec la permission de l'autorité supérieure, acquérir, posséder, plaider, s'administrer, etc.

La commune est représentée par une assemblée qui prend le nom de conseil municipal, et par un maire, assisté d'un ou de plusieurs adjoints.

Conseil municipal. Mode de nomination. — Les membres du conseil municipal sont élus par les citoyens de la commune, ou par ceux d'une même section électorale, si la commune a été sectionnée (art. 11 de la loi du 5 avril 1884), par une mesure administrative que peut motiver l'importance ou l'agglomération de la population. Le nombre des conseillers varie de dix à trente-six, selon l'importance de la localité. Paris a une organisation municipale réglée par une loi spéciale.

Pour être élu, il faut être électeur dans la commune (art. 31 de la loi du 5 avril 1884) ou tout au moins y être inscrit au rôle de l'une des quatre contributions directes [3], et avoir vingt-cinq ans.

Attributions du conseil municipal [4]. — Le conseil municipal vote le budget annuel de la commune. Le budget d'une société, d'une commune, d'une nation, est le tableau des sommes qu'elle doit recevoir dans l'année, et de celles qu'elle doit dépenser.

Les recettes de la commune se composent d'une partie

[1] Il y a en France 36 161 communes.

[2] On donne le nom de *personne civile* à une association à laquelle on a reconnu plusieurs des droits dont jouissent les personnes ordinaires, comme celui de posséder. La commune, — personne civile, — est propriétaire de terrains, de maisons, de bois, etc.

[3] Voir page 31.

[4] Avant la Révolution, les municipalités des villes étaient généralement placées sous le contrôle du Conseil d'État et des Intendants des provinces.

Les *villages* étaient administrés par l'assemblée des habitants, délibérant en présence du juge seigneurial ; les délibérations devaient ordinairement être approuvées par l'Intendant.

En l'an III (1795) de la République, les localités qui avaient moins de 5 000 habitants furent groupées en *municipalités de canton*, sous la surveillance d'un commissaire de gouvernement. Leurs représentants se réunissaient au chef-lieu de canton. En l'an VIII (1799), lors de l'établissement du Consulat, chaque commune reprit son individualité et fut organisée à peu près comme elle l'est aujourd'hui. (Voir *la Commune, le Département et l'État*, par J. Pégat, avocat ; Putois-Cretté, Paris.)

des contributions payées par les habitants, des revenus de l'octroi, du produit de la vente ou de la location des propriétés communales, etc.

Les dépenses ont pour objet l'entretien et l'éclairage des rues, la construction et la réparation des édifices publics, des chemins, etc.; les frais de culte et d'instruction; le salaire des divers employés, les subventions aux œuvres de bien-faisance, hôpitaux, la police, etc.

Les délibérations du conseil ne sont ordinairement exécutoires qu'après qu'elles ont reçu l'approbation du préfet ou du ministre si le revenu est de 3000000 au moins. Quand une commune veut faire un emprunt important, elle se fait autoriser par une loi. L'autorisation préfectorale ou celle du conseil d'État suffisent pour les emprunts au-dessous d'un million. (Art. 143 de la loi du 5 avril 1884.)

Comme on le voit, le conseil municipal s'occupe de tous les intérêts matériels et moraux de la commune. Il importe donc, lors du vote, de ne nommer que des conseillers éclairés, consciencieux, sincèrement dévoués au bien public.

Le conseil municipal nomme le maire, qui doit être pris parmi ses membres.

Attributions du maire. — Le maire est chargé de faire exécuter les décisions du conseil, quand elles sont approuvées, il reçoit les déclarations de naissances, de décès, et procède aux formalités du mariage civil (c'est ce qu'on appelle présider aux actes de l'état civil [1]).

Il nomme les employés de la commune : le secrétaire de la mairie, les agents de police, le garde champêtre; toutefois la nomination de ce dernier doit être confirmée par le préfet. Il veille à la sécurité des citoyens [2], au maintien de l'ordre dans les rues, les cabarets, marchés, foires, lieux de réunions publiques.

Il signe les contrats de vente et d'achat faits au nom de la commune, soutient en son nom les procès, etc.

---

[1] Les registres de l'état civil étaient tenus autrefois par les curés des paroisses seulement; depuis le 14 septembre 1792, ils sont tenus par la municipalité.

[2] Les habitants d'une même commune ou *cité* sont *citoyens* de cette commune ; ils sont, les uns par rapport aux autres, *des concitoyens*. Le mot *cité* (civitas) s'est appliqué successivement à la capitale d'un pays, puis aux divers territoires ayant une administration propre ; le sens en a été ensuite étendu, de sorte que la qualification de *citoyen* s'applique tantôt aux habitants d'une même localité, et tantôt à tous ceux qui vivent sous les mêmes lois. C'est dans ce dernier sens qu'est prise cette expression : *Nous sommes citoyens français.*

Il fait les règlements nécessaires pour assurer les intérêts qui lui sont confiés en propre : tranquillité et salubrité publiques, etc.

Les fonctions de maire sont gratuites.

Le maire, en qualité de magistrat de la cité, est tenu d'en soigner les intérêts comme fait un bon père de famille pour les intérêts de sa maison. Il ne doit ni faire acception des personnes, ni accorder des avantages aux uns plutôt qu'aux autres ; tous ont droit d'être traités avec la même équité. De cette façon, les emplois sont donnés au mérite, et non à la faveur.

En retour de son dévouement, de son impartialité et de son désintéressement, le maire a droit au respect et à la reconnaissance de ses administrés, ainsi qu'à leur concours quand il fait appel à leurs sentiments, à leur générosité et à leur bonne volonté.

Résumé.

1° La commune est la plus petite circonscription administrative jouissant de la personnalité civile.

2° Elle est administrée par un *maire*, assisté d'un ou de plusieurs *adjoints*, et par le conseil municipal.

3° Le conseil municipal vote le budget des recettes et des dépenses de la commune.

4° Les recettes proviennent des contributions, des revenus de l'octroi (dans les villes), de la location ou de la vente des propriétés de la commune, etc.

5° Les dépenses ont pour objet les frais de construction et d'entretien des écoles, de l'hôtel de ville ou mairie, des églises, des chemins, des rues, des fontaines, etc. ; le traitement des employés et fonctionnaires de la commune ; les œuvres de bienfaisance.

6° Les délibérations du conseil doivent être approuvées par le préfet, quelquefois par le ministre.

7° Il est très important de ne nommer, pour gérer les intérêts de la commune, que des hommes éclairés et consciencieux.

8° Le maire administre la commune, préside aux actes de l'état civil, nomme les employés de la commune, assure le maintien de l'ordre dans les rues et les lieux de réunion.

IV. — LE DÉPARTEMENT [1], L'ARRONDISSEMENT, LE CANTON

Département. — Le département est une circonscription administrative, jouissant de la personnalité civile, et à la tête de laquelle se trouve un préfet. Il se subdivise en *arron-*

---

[1] Le 22 décembre 1789, l'Assemblée constituante supprima les provinces et partagea la France en départements, districts, cantons et communes. Ce n'est qu'après le 18 brumaire an VIII que le premier consul Bonaparte organisa l'administration départementale telle qu'elle est aujourd'hui.

dissements et en *cantons* lesquels n'ont pas de personnalité juridique.

Il y a en France 86 départements, sans compter le territoire de Belfort et les trois départements algériens.

Nomination du préfet. — Le préfet est nommé par le chef de l'État, sur la proposition du ministre de l'intérieur, dont il dépend principalement. Il correspond cependant avec tous les autres ministres, car il est chargé de tous les services civils dans le département, quel que soit le ministère auxquels ces services se rattachent.

Attributions du préfet. — Le préfet est l'agent du pouvoir central et représente les intérêts spéciaux du département.

Comme *agent du pouvoir central,* le préfet transmet aux autorités locales dont il est le chef hiérarchique les lois, décrets, règlements, instructions, et les fait exécuter. Il représente le département et l'État et c'est contre lui que doivent être intentées les actions concernant le domaine. Les décisions du préfet portent le nom d'*arrêts.*

Comme *représentant des intérêts spéciaux du département* il intervient dans l'administration des revenus du département et des communes; il a sous son autorité le service de la police et des prisons; il s'occupe de tout ce qui regarde la construction des routes, des canaux, des chemins vicinaux; il fixe la date du tirage au sort dans les différents cantons, et préside les conseils de revision, etc.

Il est assisté par un *secrétaire général,* qui remplit les fonctions de *sous-préfet* dans l'arrondissement du chef-lieu, et par un *conseil de préfecture* dont les membres sont nommés par le chef de l'État. (Voir page 46 les attributions du *conseil de préfecture.*)

Conseil général [1]. — Le conseil général est une assemblée délibérante qui siège au chef-lieu de chaque département, et dont les membres sont élus pour six ans, à raison d'un conseiller pour chacun des cantons du département.

La première session du conseil a lieu huit jours après Pâques, et la seconde au mois d'août. C'est dans cette dernière qu'il nomme son bureau : président, vice-présidents, secrétaires; qu'il vote le budget, et nomme la *commission*

---

[1] Établis par la loi du 28 pluviôse, an VIII, électifs depuis 1833, suspendus en 1870, sous le gouvernement de la Défense nationale, les conseils généraux furent reconstitués par la loi du 10 août 1871 qui a considérablement accru l'importance de ces assemblées.

départementale, composée de quatre à sept de ses membres. Cette commission est chargée, dans l'intervalle de ses sessions, de contrôler l'administration du préfet.

Attributions du conseil général. — Le conseil général vote le budget départemental, qui lui est soumis par le préfet, répartit chaque année les contributions directes, conformément aux règles établies par la loi, délibère sur les besoins des divers services départementaux, dont il vient d'être parlé au paragraphe des attributions du préfet. Il peut formuler des vœux non politiques, que ce magistrat transmet au ministre de l'intérieur.

Si quelque événement politique empêchait le Parlement de fonctionner, les conseils généraux se réuniraient et nommeraient chacun deux délégués, pris dans leur sein, pour former une assemblée qui remplacerait légalement les Chambres jusqu'à ce qu'elles pussent reprendre leurs travaux.

Arrondissement [1]. — L'arrondissement est une circonscription à la tête de laquelle est un sous-préfet.

Dans chaque arrondissement siège : pour l'administration *civile,* un sous-préfet, assisté d'un conseil d'arrondissement ; pour l'administration de la *justice,* un tribunal de première instance ; pour l'administration des *finances,* un receveur particulier des finances, des receveurs de l'enregistrement, un conservateur des hypothèques, un receveur des contributions indirectes.

Sous-préfet. — Le sous-préfet, nommé par le chef de l'État, n'a guère d'autorité propre ; il assiste le préfet en instruisant les affaires, et facilite les relations avec les communes, etc.

Conseil d'arrondissement. — Les membres du conseil d'arrondissement sont élus comme ceux du conseil général. Cette assemblée élective fait la répartition des contributions directes entre les diverses communes de l'arrondissement, prépare des travaux pour le conseil général, et peut émettre des vœux non politiques touchant les besoins particuliers de la région.

Le canton [2]. — Le canton est une simple division territoriale dont le caractère principal est de former le ressort de l'autorité judiciaire du degré inférieur. Aucun fonctionnaire, aucune assemblée n'est à la tête de cette subdivision du département. Il y a au chef-lieu une justice de paix, un

[1] On compte en France 362 arrondissements.
[2] Il y a en France 2 870 cantons.

bureau d'enregistrement, et ordinairement une brigade de gendarmerie; les jeunes conscrits s'y rendent pour le tirage au sort et la revision; enfin c'est une circonscription électorale, ainsi que nous venons de le dire, pour la nomination des conseillers généraux et des conseillers d'arrondissement.

Résumé.

1° Le département est une circonscription administrative à la tête de laquelle est un préfet.

2° Le préfet est nommé par le Président de la République.

3° Le préfet a sous son autorité le service de la police et des prisons ; il s'occupe de tout ce qui regarde la construction des voies de communication, l'administration des communes du département, etc.

4° Le préfet est assisté par le *conseil de préfecture* et par le *secrétaire général*.

5° Le conseil général est l'assemblée qui administre le département avec le préfet. Il vote le budget départemental, et donne son avis sur tous les services départementaux dont est chargé le préfet.

6° L'arrondissement est une circonscription territoriale à la tête de laquelle est un sous-préfet. Le sous-préfet et le *conseil d'arrondissement* fournissent des renseignements au préfet et au conseil géuéral.

7° Le canton est une division territoriale, mais non une division administrative. C'est le siège d'une *justice de paix*, et une circonscription électorale pour le conseil général et le conseil d'arrondissement.

V. — LA PATRIE, LA NATION, L'ÉTAT

Définitions. — Notre patrie, c'est la terre habitée par ceux qui ont avec nous une certaine communauté d'intérêts. Dans ce dernier sens, le mot patrie est synonyme de nation. Ainsi une nation est l'ensemble des citoyens qui habitent une même contrée, et qui sont naturellement unis entre eux par une communauté de sentiments, d'affections, de souvenirs, de besoins, d'habitudes, d'intérêts ; ils ont hérité de la même gloire, des mêmes institutions; leurs pères ont souffert les mêmes épreuves, partagé les mêmes périls, participé à la même prospérité, etc.

L'État, c'est ordinairement la nation organisée en gouvernement; c'est la puissance publique, dont la mission est de faire exécuter les lois.

L'État constitue aussi une personne civile. Il est représenté par les personnes désignées dans la constitution pour exercer le pouvoir : le chef du pouvoir exécutif, les ministres, les Chambres, etc.

L'État représente la nation, dont il est l'expression, et il est le gardien de tous les intérêts de la patrie.

Nous devons aimer notre *patrie,* obéir à l'*État,* pour assurer le bonheur de la *nation.*

Parfois, il est vrai, les expressions État, patrie, nation, désignent les choses moins clairement que nous ne venons de le dire. Quelques exemples feront comprendre la nuance qui existe dans le sens de ces trois mots. L'Alsace-Lorraine forme actuellement un État, qui dépend de l'Empire allemand; mais les Lorrains annexés n'ont pas cessé de considérer la France comme leur patrie, et ils ne se regardent pas comme appartenant à la nation allemande. L'Irlandais appartient à un État connu sous le nom de Royaume-Uni de la Grande-Bretagne; mais sa patrie ne s'étend pas au delà de son île; il ne se considère pas comme faisant partie de la nation anglaise. Le Saxon, au contraire, est gouverné par le roi de Saxe, il appartient à cet État particulier; mais sa patrie, ce n'est pas seulement la Saxe, c'est l'Allemagne: il fait partie de la nation allemande.

Ainsi les divisions territoriales et les gouvernements particuliers, qui doivent leur origine à des combinaisons politiques ou à des intérêts de conquête, ne créent ni ne détruisent les nations, ne brisent ni ne forment les liens qui attachent à la patrie.

Quand des millions d'hommes ont porté pendant des siècles le même nom, parlé le même langage, regardé les mêmes grands hommes comme leurs pères, les mêmes chefs-d'œuvre de l'esprit comme leur gloire commune, on est mal venu à leur refuser leur parenté intime et leur titre de nation [1].

Nécessité pour une nation d'être gouvernée. — Le premier besoin qui se fait sentir dans la société est celui de l'autorité. Les hommes vraiment dévoués à la patrie sont donc ceux qui rendent hommage au pouvoir et sont fidèles observateurs des lois.

La nature, ou plus justement Dieu, l'auteur de la nature, veut que les hommes vivent en société civile, ce que démontrent à l'évidence et la faculté du langage, le plus puissant agent de la société, et les nombreux besoins innés de notre âme, et les choses nécessaires, en grand nombre et de grande importance, que les hommes isolés ne peuvent se procurer, mais qu'ils obtiennent en s'unissant et s'associant à d'autres. Or il ne peut ni exister, ni même se concevoir une société où il n'y ait personne pour gouverner les volontés de chacun, afin de les ramener toutes à l'unité, et de les diriger avec ordre et sagesse vers le bien commun. Dieu a donc voulu que, dans la société civile, il y en eût qui commandassent à la multitude [2].

[1] Guizot, *l'Église et la société chrétienne en 1861.*
[2] Encyclique du 29 juin 1881.

Or, puisque Dieu l'a voulu, il a dû offrir aux nations des enseignements dont les conséquences fussent favorables à l'autorité établie et aux citoyens; ce serait peu d'être gouverné; il faut l'être suivant l'équité. Dieu a pourvu à ce besoin en nous donnant sa loi, dont l'Évangile est la plus heureuse expression. C'est pourquoi la législation d'un peuple est d'autant plus parfaite qu'elle s'inspire davantage de la loi de Dieu.

Nos gouvernements modernes doivent incontestablement au christianisme leur plus solide autorité et leurs révolutions moins fréquentes; il les a rendus eux-mêmes moins sanguinaires; cela se prouve par le fait, en les comparant aux gouvernements anciens. La religion, mieux connue, écartant le fanatisme, a donné plus de douceur aux mœurs chrétiennes. *Ce changement n'est point l'ouvrage des lettres; car, partout où elles ont brillé, l'humanité n'en a pas été plus respectée :* les cruautés des Athéniens, des Égyptiens, des empereurs de Rome, des Chinois, en font foi. Que d'œuvres de miséricorde sont l'ouvrage de l'Évangile[1]!

Ainsi se trouvent établis et la nécessité d'un gouvernement dans une nation, et les avantages qui résultent pour cette nation d'avoir un gouvernement qui s'inspire des principes d'une morale pure et élevée.

Résumé.

1º La patrie (du latin *patria*, fait de *patris* et *terra*, *terre du père*) est le pays où l'on a pris naissance.

2º Une nation, c'est la totalité des personnes nées ou naturalisées dans un pays, et vivant sous un même gouvernement.

3º L'État, c'est le gouvernement, l'administration d'un pays.

4º Nous devons aimer la patrie, obéir à l'État, pour assurer la prospérité de la nation.

5º Dieu, en créant l'homme pour la société, a voulu qu'il y eût des chefs pour commander, afin de diriger le peuple vers le bien commun.

6º La religion rend le gouvernement plus sage et l'obéissance aux lois plus facile.

VI. — LES ORIGINES DE NOTRE DROIT PUBLIC

Principes de 1789. — Lorsque les États Généraux se réunirent en 1789, les collèges électoraux avaient écrit leurs vœux dans des *cahiers* qui contenaient aussi les plaintes des populations. Chacun des trois ordres réclamait pour tous les Français l'égalité devant la loi pour les droits et

---

[1] J.-J. Rousseau.

les charges en matière d'impôt (consentement et répartition).

Aucun de ces cahiers ne demandait que l'on modifiât les institutions du pays d'une façon aussi complète que le firent successivement les assemblées. On y fut amené par degrés.

Le tiers état exigeait que le vote, dans l'assemblée, eût lieu par tête [1] et non par ordre, et il proclamait la souveraineté de la nation, l'admissibilité de tous les Français aux fonctions publiques, et l'abolition de tout ce qui pouvait porter atteinte à la liberté individuelle.

Ces principes ont été consacrés par l'assemblée Constituante, qui a environné de garanties l'exercice du droit de poursuivre et de punir les coupables. Nul individu ne peut être détenu que dans les formes et pour les cas déterminés par la loi. Les audiences des tribunaux sont publiques. Chacun a le droit de s'y défendre soi-même ou de s'y faire défendre par un avocat.

L'impôt est consenti, au nom du peuple, par les députés et les sénateurs, qui sont ses mandataires et qui sont élus par lui. La loi est faite par la majorité des représentants de la nation; elle doit être conforme à la morale et à la justice; car une loi immorale et injuste, fût-elle votée par l'unanimité des citoyens, ne cesserait pas pour cela d'être immorale et injuste. Les actes accomplis en conformité d'une telle loi seraient condamnables aux yeux de la conscience, et répréhensibles aux yeux de Dieu [2].

Comment se résument ces principes. — Ces principes se résument dans ces mots : *liberté, égalité, fraternité*. Liberté individuelle ou inviolabilité de la personne, des biens et du domicile; liberté de conscience, liberté des cultes, liberté de la pensée, du travail, d'association. Égalité de tous devant la loi, devant la justice, devant l'impôt, devant les emplois ou charges publiques. Fraternité, par les secours donnés au nom de la société dans les hôpitaux et autres institutions de bienfaisance.

La Constituante et la Convention ont mis en oubli beaucoup de ces règles de liberté. On a commis alors un grand nombre d'attentats contre les biens, contre les personnes et contre les consciences [3]; mais on est revenu aux idées libé-

---

[1] Le tiers état s'assurait ainsi la majorité; il comptait, en effet, 621 membres, tandis que le clergé n'en avait que 308, et la noblesse 285.

[2] Une partie des biens enlevés à l'Église, en vertu de la loi du 2 novembre 1789, devait être employée au soulagement des pauvres.

[3] La déclaration des *droits de l'homme* proclame en ces termes la liberté

rales; elles sont la base des constitutions et des lois modernes.

Résumé.

1º Les *cahiers* des trois ordres, aux états généraux (1789), demandaient des réformes, mais non le renversement de ce qui existait.

2º La Constituante a proclamé la *liberté*, l'*égalité* et la *fraternité* :

Liberté individuelle, qui permet d'agir comme on veut, pourvu qu'on respecte la loi ; *liberté du travail*, chacun pouvant s'occuper comme il lui plaît, etc.

Égalité devant l'impôt, égalité devant la loi, égalité devant la justice, égalité devant les emplois et les charges, accessibles à tous.

Fraternité. Tous les citoyens, étant considérés comme des frères, sont secourus dans le malheur, la pauvreté et la maladie. En conséquence, l'État établit et soutient les hôpitaux, encourage les sociétés de bienfaisance, etc.

VII. — LA SOUVERAINETÉ NATIONALE

Droit de la nation. — Tout le monde admet que la nation a le droit d'intervenir dans le choix ou l'acceptation du chef de l'État, et dans la marche générale du gouvernement.

De tout temps on a reconnu le droit souverain de la nation.

Sire, disait Massillon à Louis XIV, c'est le choix de la nation qui mit d'abord le sceptre entre les mains de vos ancêtres ; c'est elle qui les éleva sur le bouclier militaire, et les proclama souveraine. Le royaume devint ensuite l'héritage de leurs successeurs ; mais ils le durent originairement au consentement libre de leurs sujets. Comme la première source de leur autorité vient de nous, les rois n'en doivent faire usage que pour nous. Ce n'est donc pas le souverain, c'est la loi, Sire, qui doit régner sur les peuples : vous n'en êtes que le ministre et le premier dépositaire.

Ceux qui doivent gouverner peuvent, en certains cas, dit Léon XIII, être choisis par la volonté et le jugement de la multitude, sans

de conscience et des cultes : *Nul ne doit être inquiété pour ses opinions, même religieuses, pourvu que leur manifestation ne trouble pas l'ordre public.*

En 1787, Louis XVI avait accordé aux protestants la liberté du culte ; en 1791, la Constitution accorda la même liberté à tout citoyen. Toutefois, dès le 13 février 1790, les ordres religieux étaient supprimés ; le 12 juillet de la même année, le vote de la Constitution civile du clergé jetait le trouble dans les consciences catholiques ; le 10 novembre 1793, le culte catholique était aboli et remplacé par le culte de la raison. Les citoyens étaient tenus de travailler le dimanche et de respecter le repos légal du *décadi.* Des églises furent profanées, des statues brisées, des croix renversées. Le 22 août 1795, on permit de nouveau l'exercice du culte catholique, qui fut officiellement et définitivement rétabli lors de la conclusion du *Concordat* (15 juillet 1801).

Depuis 1801, les ministres du culte protestant reçoivent un traitement annuel et, depuis 1841, ceux du culte israélite l'ont obtenu.

que la doctrine catholique s'y oppose ou y fasse obstacle. Mais, par ce choix, c'est le prince qui est désigné, ce ne sont pas les droits de gouverner qui sont conférés; on ne délègue pas le commandement, on établit par qui il sera exercé. Il n'est pas question ici des formes de gouvernement, car rien ne s'oppose à ce que le gouvernement d'un ou de plusieurs soit approuvé par l'Église, pourvu qu'il soit juste et appliqué à procurer l'utilité commune. Quant au pouvoir politique, l'Église enseigne avec raison qu'il vient de Dieu, car elle trouve cet enseignement attesté par les saintes Lettres et les monuments de l'antiquité chrétienne; d'ailleurs, on ne peut concevoir aucune doctrine qui soit plus conforme à la raison comme au salut des princes et des peuples.

L'apôtre saint Paul enseignait expressément aux Romains cette doctrine sur le respect qu'on doit aux chefs souverains, lorsqu'il leur écrivait en ces termes avec tant d'autorité et de poids, qu'on ne saurait rien ordonner de plus grave : « Que toute âme soit soumise aux puissances supérieures; car il n'y a point de pouvoir qui ne vienne de Dieu, et ceux qui existent ont été ordonnés de Dieu. C'est pourquoi celui qui résiste au pouvoir résiste à l'ordre établi de Dieu; et ceux qui résistent attirent sur eux-mêmes la condamnation. C'est pourquoi il est nécessaire que vous soyez soumis, non seulement par crainte, mais aussi par conscience[1]. » (Extrait de l'encyclique du 29 juin 1881.)

Comment la nation exerce son droit. — Tels sont les principes que la foi et la raison, toujours d'accord, d'ailleurs, acceptent également. Quant à la pratique, elle ne laisse pas de présenter beaucoup de difficultés. En France, actuellement, on admet que le peuple est souverain et qu'il exerce sa souveraineté par le moyen du vote. On pouvait craindre que, pratiquement, ce système offrît des inconvénients, bien que les pouvoirs publics aient cherché à les faire disparaître, ou du moins à les atténuer. Les adversaires du suffrage universel posaient des questions comme celles-ci :

Les citoyens peuvent-ils tous comprendre les textes des constitutions qu'ils votent? Ceux même qui sont instruits connaissent-ils les conséquences de telle ou telle détermination? Comment espérer que les électeurs ignorants se rendront compte des affaires si ambiguës de la politique? Et ceux qui voient clair dans ces affaires, ont-ils assez de caractère pour ne pas se laisser entraîner? sont-ils assez désintéressés pour ne pas se laisser corrompre?

La réponse était toute prête. On a fait remarquer que les individus n'exercent pas *personnellement* leur part de la souveraineté nationale; ils la délèguent aux citoyens qu'ils

[1] Rom., XIII, 1, 2, 3.

élisent pour les représenter dans les conseils municipaux, dans les conseils d'arrondissement, dans les conseils généraux, à la Chambre des députés, au Sénat.

Un petit nombre de fonctionnaires et d'agents : maires, préfets, ministres, etc., dont les assemblées contrôlent les actes, administrent le pays, les départements et les communes.

La souveraineté nationale s'exerce donc par des intermédiaires. C'est ainsi que les choses se passent, d'ailleurs, dans tous les États constitutionnels, que le gouvernement soit républicain ou monarchique, que l'on soit sous le régime du suffrage universel ou sous celui du suffrage restreint.

Mais puisque chaque électeur, par son bulletin de vote, dispose jusqu'à un certain point de la paix, de la prospérité et de la moralité du pays, il est très important que chacun comprenne que c'est pour lui un devoir de voter, et de voter selon sa conscience, sans préoccupation d'intérêt personnel, donnant son suffrage au plus digne et au plus respectable, c'est-à-dire au plus éclairé et au plus consciencieux.

Résumé.

1° La souveraineté nationale est exercée par le peuple. Le peuple est admis à nommer le chef du pouvoir, soit directement, soit par ses représentants.

2° Ceux qui exercent le pouvoir, de quelque manière qu'ils en aient été investis, l'exercent de la part de Dieu, dont ils reçoivent leur autorité.

3° Puisque l'autorité du chef du pouvoir lui vient de Dieu, les citoyens sont tenus, en conscience, de lui obéir.

4° Il est pratiquement impossible que tous les citoyens exercent directement la part de souveraineté qui leur appartient ; c'est pourquoi ils nomment des représentants pour l'exercer en leur nom.

5° Il est important que chaque citoyen vote pour le candidat qui lui paraît le plus éclairé et le plus consciencieux.

VIII. — LE VOTE

Définition. — *Voter*, c'est désigner un ou plusieurs citoyens pour exercer une fonction, faire partie des assemblées qui prennent part à l'administration de la commune, du département ou de l'État. Pour voter, on dépose ordinairement dans une urne fermée un bulletin portant le nom du candidat que l'on veut nommer.

Le droit de voter s'appelle aussi le droit de *suffrage*. De sorte que donner son *suffrage*, sa *voix* à quelqu'un, c'est voter pour lui.

On distingue le suffrage *universel* et le suffrage *restreint*.

Suffrage universel[1]. — Dans le système du suffrage universel, tout citoyen majeur, — âgé de 21 ans, — et qui n'a pas été privé de ses droits politiques, peut prendre part au vote. Toutefois, en dehors même de la capacité électorale, il faut encore remplir au moins deux conditions pour pouvoir exercer le droit de vote : la première est positive, il faut être inscrit sur la liste électorale de la commune où l'on vote; la seconde est négative, il faut n'être pas soldat présent au corps, ni interné dans un asile d'aliénés.

Ceux qui ont le droit de voter, ou les *électeurs*, ne sont pas tous *éligibles*. Pour être éligible, il faut avoir au moins vingt-cinq ans d'âge; et même, pour être élu sénateur[2], il faut en avoir quarante.

Suffrages restreints. — Le droit de suffrage est restreint dans les contrées où certaines catégories de citoyens ne sont pas admises à voter.

On peut restreindre le droit de suffrage de plusieurs manières : 1º en exigeant, pour qu'un individu soit électeur, qu'il paye une somme *minima* pour ses contributions directes; 2º en exigeant qu'il ait un minimum de connaissances déterminé.

Ainsi, l'on pourrait refuser le droit de vote à quiconque ne paye pas 20 francs, par exemple, de contribution directe. Cette somme de 20 francs serait alors le *cens électoral*.

On pourrait également n'accorder le droit de vote qu'aux citoyens qui sauraient lire et écrire, ou à ceux qui auraient obtenu un certificat d'études déterminé.

Suffrage direct et suffrage à plusieurs degrés. — Quand les électeurs nomment eux-mêmes les personnes qui doivent les représenter, ces personnes sont élues au suffrage direct; c'est ainsi que sont nommés les conseillers municipaux, les conseillers d'arrondissement, les conseillers généraux, les députés.

Quand les électeurs se bornent à désigner les personnes qui devront procéder au choix des représentants de la nation, ces représentants sont élus au second degré.

---

[1] Le suffrage universel à deux degrés fut établi le 22 août 1795. En 1814, on apporta une restriction au droit de suffrage; en 1818, on rétablit le suffrage universel *direct*.

[2] *Sénateur*, du latin *senator*, dérivé de *senex*, vieillard.

Les maires sont élus, en qualité de maires, non par tous les habitants de la commune, mais seulement par leurs collègues du conseil municipal. — L'élection des maires est une élection à deux degrés.

Le vote dans une assemblée délibérante. — Le mot *vote* s'emploie aussi pour désigner l'acte par lequel les membres d'une assemblée délibérante, comme le conseil municipal, la Chambre des députés, expriment leur volonté d'accepter ou de repousser une mesure qui leur est proposée. Voter *pour*, c'est accepter cette mesure; voter *contre*, c'est la repousser.

Résumé.

1° Voter, c'est désigner les personnes que l'on choisit pour faire partie des assemblées délibérantes : conseil municipal, Chambre des députés, etc.

2° Dans le système du *suffrage universel*, tout citoyen majeur, qui n'est pas indigne, peut voter.

3° Dans le système du *suffrage restreint*, il faut, pour être électeur, payer une certaine somme de contributions, ou avoir un certain degré d'instruction.

4° Le *suffrage est direct*, quand l'électeur désigne lui-même la personne qu'il choisit pour le représenter.

5° Le *suffrage est à plusieurs degrés* quand l'électeur désigne seulement les personnes qui devront faire l'élection définitive.

6° On emploie encore le mot *voter* pour désigner l'acte par lequel les membres d'une assemblée acceptent ou repoussent les propositions qui leur sont faites.

IX. — LES AGENTS [1] DE LA SOUVERAINETÉ NATIONALE

Différents pouvoirs. — Nous venons de voir que chaque citoyen ne peut pas exercer lui-même la part de souveraineté que la Constitution lui attribue. Tous ne peuvent pas discuter et voter les lois, administrer, rendre la justice.

Dans tout État, quelle que soit la forme du gouvernement, les citoyens délèguent d'une façon ou de l'autre leurs pouvoirs et leurs droits à quelques-uns d'entre eux, qui sont

[1] On divise l'administration en deux catégories : administration *délibérante* ou *collective* et administration *unitaire* ou *active*.

Les conseils généraux, d'arrondissement, municipaux, font partie du premier groupe ; les ministres, préfets, sous-préfets et maires font partie du secon : de là le terme d'*agents* qui caractérise leur rôle (du latin *agere*, *actum*, faire; agir).

Quand une portion d'autorité s'attache à l'exercice du rôle d'un agent, celui-ci s'appelle *fonctionnaire public;* dans le cas où il n'y a pas investiture d'autorité, les titulaires sont dits simplement *agents auxiliaires* du service intérieur ou extérieur.

chargés ou de faire les lois, ou d'en assurer l'exécution, ou enfin de punir ceux qui les enfreignent.

Ceux qui font les lois constituent *le pouvoir législatif;* ceux qui les font exécuter, *le pouvoir exécutif,* qui se partage en deux branches : *l'autorité administrative* et *l'autorité judiciaire.*

Le *pouvoir législatif* est exercé par le Parlement, qui comprend : la Chambre des députés ou Chambre basse, et le Sénat ou Chambre haute.

Le *pouvoir exécutif* est exercé par le président de la République, sous la responsabilité des ministres, supérieurs hiérarchiques des fonctionnaires et agents de tous ordres.

L'autorité judiciaire est exercée par les tribunaux légalement établis sur les divers points du territoire.

Division des pouvoirs. — Ainsi le pouvoir législatif, qui fait la loi, n'en assure pas lui-même l'exécution. Le pouvoir exécutif ne fait pas la loi, quoiqu'il puisse la proposer et prendre part à la discussion qui en est faite par les Chambres; il la promulgue et en assure l'exécution. L'autorité judiciaire, qui ne fait pas la loi, a pour mission de l'appliquer au profit des individus ou de la société.

Cette séparation des pouvoirs a pour but de garantir la liberté constitutionnelle. Il est mauvais, dit-on, pour la liberté, que le gouvernement dans l'État soit confié à un seul corps constitué; il est bon, au contraire, pour la liberté, que le gouvernement soit partagé entre plusieurs pouvoirs, parce que cela modère son action et la rend moins despotique.

Ces trois pouvoirs sont donc *divisés* quant à leurs attributions respectives; mais ils sont *unis* quant au but commun, qui est d'obtenir, par le respect de la loi, la pratique de ce qui est juste.

Résumé.

1º Le *pouvoir législatif* fait les lois ; le *pouvoir exécutif* en assure l'exécution, par l'administration et la justice, l'une qui s'occupe de mettre en mouvement les services publics, l'autre qui a pour tâche de régler les contestations privées et de punir les atteintes aux lois qui défendent ou ordonnent certains actes.

2º Ces trois pouvoirs doivent être *séparés* pour conserver l'indépendance convenable.

3º Ils doivent être *unis* dans une même pensée, le bien commun du peuple.

X. — LA CONSTITUTION

Ce qu'on entend par Constitution. — La Constitution est la loi fondamentale qui détermine, dans un pays, la forme du gouvernement et règle les droits principaux des citoyens. La France n'a pas actuellement de Constitution proprement dite, mais diverses lois qualifiées de *lois constitutionnelles* ont, en 1875, déterminé la forme du gouvernement et les rapports des pouvoirs publics (Voir page 3).

Formes de gouvernement. — On distingue plusieurs formes de gouvernement. Quand le pouvoir suprême réside en un seul, le gouvernement est monarchique. Ordinairement la monarchie est héréditaire, c'est-à-dire que la couronne passe de plein droit, sans consultation populaire, de la tête du monarque qui décède ou abdique sur celle d'un prince ou d'une princesse que désigne l'ordre d'hérédité particulier à un pays; c'est pourquoi on dit que *le mort saisit le vif,* aussi bien pour le trône que pour une succession ordinaire.

La monarchie[1] est dite *absolue;* lorsque les actes du pouvoir exécutif ne sont pas contrôlés par une assemblée; on l'appelle alors *autocratie.* Ce n'est que sous une monarchie absolue que le pouvoir est réellement exercé par la volonté d'un seul.

Dans la monarchie *tempérée* ou *constitutionnelle,* le pouvoir est contrôlé par une ou deux assemblées qui forment le *Parlement.* La monarchie constitutionnelle diffère de la République en ce qui concerne l'hérédité des prérogatives du chef de l'État, et, en général, par le caractère de son intervention dans l'existence des lois; ainsi, de 1814 à 1848 et de 1852 à 1870, le souverain *sanctionnait*[2] les lois et ne se bornait point seulement à les *promulguer.*

---

[1] *Monarchie,* du grec *monos,* seul, et *archè,* gouvernement. Gouvernement d'un seul.

[2] On appelle *sanction* l'adhésion que le chef de l'État, participant en cela à l'exercice de la puissance législative, donne à la loi votée par les Chambres. La sanction, quand elle est exigée par la Constitution, est un élément essentiel de l'existence de la loi; le chef de l'État peut alors rendre la loi inerte, en refusant de la sanctionner. D'après la Constitution qui nous régit actuellement, le droit de sanction n'existe plus.

La République[1] est un gouvernement constitutionnel à la tête duquel se trouve un *président élu*. Le président d'une république peut avoir les mêmes prérogatives qu'un souverain constitutionnel; seulement il n'est nommé que pour quelques années, et l'hérédité du pouvoir n'est pas établie dans sa famille.

Aux États-Unis, le gouvernement est républicain; en Angleterre, c'est une monarchie parlementaire; en Allemagne, une monarchie constitutionnelle laissant plus d'autorité au souverain; en Russie, une monarchie presque absolue, etc.

Toutes ces contrées, sous ces diverses formes de gouvernement, ont connu des périodes de prospérité et même de gloire, ce qui indique assez qu'aucune les formes de gouvernement n'a le privilège exclusif de rendre heureux les peuples. Le meilleur gouvernement est celui qui convient le mieux à la nation, vu les temps et les circonstances. Quelle que soit d'ailleurs sa forme, il travaillera efficacement à la prospérité du pays s'il confie les charges et les emplois aux plus dignes, c'est-à-dire aux plus éclairés, aux plus expérimentés, aux plus vertueux.

Forme du gouvernement en France. — La France a été gouvernée par une monarchie jusqu'en 1792. Alors le gouvernement républicain a été établi pour la première fois; il a duré jusqu'en 1804. Une deuxième fois, la République a été proclamée en 1848 (février); elle fut remplacée par l'Empire en 1852. Après le désastre de Sedan, il s'est formé à Paris (4 septembre 1870) un gouvernement qui a pris le nom de *gouvernement de la défense nationale*. Au mois d'août 1871, le chef du pouvoir exécutif reçut le titre de président de la République; le 20 novembre 1873, l'Assemblée nationale établit le Septennat[2], et le 25 février 1875 elle vota la Constitution qui organisa la République. Cette Constitution a été complétée par la loi du 16 juillet 1875 sur les *rapports des pouvoirs publics*. Elle a été, depuis, modifiée en quelques points qui n'en altèrent pas le caractère.

La Constitution, étant la loi fondamentale d'une nation,

---

[1] *République*, du latin *res*, chose, et *publica*, publique. Chose publique. On disait, au temps de la monarchie traditionnelle « la République » pour exprimer *littéralement* l'ensemble des intérêts communs de l'État; c'est depuis le XVIIIe siècle qu'on a employé ce mot pour désigner une forme d'institution.

[2] Pouvoir confié pour sept ans au maréchal de Mac-Mahon

doit être à l'abri des caprices de ceux qui la voudraient modifier ; elle ne doit pouvoir être changée que lorsque l'intérêt du pays l'exige évidemment.

Ce n'est pas à des chrétiens que l'on est obligé de rappeler leurs devoirs en ce qui touche la soumission au pouvoir établi, et le respect pour les dépositaires et les représentants de l'autorité à tous les degrés. Ils savent que le moyen de prouver que l'on a vraiment du patriotisme, c'est d'observer fidèlement les lois, et de s'efforcer, par la pratique de toutes les vertus qui font le bon citoyen, d'assurer, chacun pour sa part, la force, la prospérité et la gloire de la nation.

Résumé.

1º La monarchie est le gouvernement d'un seul.

2º On distingue la monarchie *absolue*, et la monarchie *tempérée* aussi appelée monarchie *parlementaire* ou *constitutionnelle*, parce qu'elle est organisée par une Constitution et contrôlée par un *Parlement*.

3º La République est le gouvernement exercé de concert par un président élu et un parlement.

4º La France est en République. Sa Constitution remonte au mois de février et de juillet 1875.

5º On doit respecter la Constitution et les pouvoirs qu'elle établit. C'est le meilleur moyen de montrer que l'on a vraiment du patriotisme.

XI. — DU GOUVERNEMENT DE LA FRANCE

Pouvoir exécutif. — Le gouvernement, quelquefois désigné sous le nom de pouvoir exécutif, se compose du *président de la République*, élu pour sept ans par l'Assemblée nationale[1], et des *ministres*[2], qui prêtent leur concours au président et au Parlement. Gouverner un pays s'entend du soin d'en diriger les intérêts généraux à l'intérieur et de le représenter au dehors.

Attributions et prérogatives du président de la République. — Le président de la République choisit ses ministres, promulgue les lois, convoque et proroge le Parlement, nomme par des décrets la plupart des fonctionnaires, assure par d'autres décrets l'exécution des lois. Il signe les traités de paix et de commerce, qu'il soumet ensuite aux Chambres ; il a le droit de faire grâce ; il dispose des forces de terre et de mer, reçoit les ambassadeurs des puissances

[1] Voir page 3, loi du 25 février 1875, art. 2.
[2] Voir page 4, loi du 25 février 1875, art. 6.

étrangères et en accrédite auprès d'elles, préside aux fêtes et aux solennités nationales, etc. (Loi du 25 février 1875.) Le président de la République peut, sur l'avis conforme du Sénat, dissoudre la Chambre des députés avant l'expiration légale de son mandat.

Conseil des ministres. — Les ministres sont nommés par décret du chef de l'Etat; ils peuvent être révoqués par lui, quoique dans la pratique, il use peu de ce droit. L'un des ministres prend le titre de président du conseil. Il réunit ses collègues en *conseil de cabinet* toutes les fois qu'il le juge à propos; ils se réunissent également en *conseil des ministres,* sous la présidence du président de la République.

Chaque ministre est responsable devant les Chambres des actes de son administration et de ceux de ses subordonnés; en outre, tous les ministres sont responsables devant le Parlement de ceux des actes de leurs collègues qui sont considérés comme contraires aux lois.

Les décisions administratives des ministres prennent le nom d'*arrêtés;* leurs instructions sont adressées par des lettres désignées sous le nom de *circulaires.*

Les actes émanés du président de la République s'appellent *décrets.* Ils sont toujours contresignés par un ministre, qui en prend ainsi la responsabilité [1].

Dans le cas où la Chambre croirait que les ministres ont trahi leur pays, elle les mettrait en accusation, et le Sénat transformé en haute cour de justice, les jugerait [2]. On procéderait de même à l'égard du président de la République, si la Chambre croyait qu'il s'est rendu coupable de haute trahison.

Le Parlement. — Le Sénat et la Chambre des députés constituent le pouvoir législatif. Lorsque ces deux assemblées se réunissent, sous la présidence du président du Sénat, elles forment le Congrès ou Assemblée nationale, dont la mission est de nommer le président de la République et de reviser la constitution quand il y a lieu. L'organisation et les

---

[1] Cette responsabilité des ministres jointe à l'irresponsabilité du chef de l'État, est l'institution essentielle du régime parlementaire. Il s'agissait de donner la haute main au Parlement dans la direction des affaires, d'établir sa suprématie sur le pouvoir exécutif sans toutefois trop l'affaiblir et le déconsidérer. Le résultat est obtenu par la responsabilité ministérielle : le chef de l'État est inattaquable, tandis que le ministre se trouve sous la dépendance du Parlement.

[2] Voir page 1, loi du 25 février 1875, et pages 6 et 7, loi du 16 juillet 1875.

prérogatives du Sénat ont été déterminées par la loi du 24 février 1875[1] Le mode d'élection des députés est aussi réglé par une loi spéciale.

Le fonctionnement et les attributions des deux Chambres, ainsi que les prérogatives de leurs membres, sont déterminés par la loi constitutionnelle du 16 juillet 1875[2].

Chacune des deux Chambres nomme son bureau, composé du président, des vice-présidents, des secrétaires et des questeurs. Ces derniers sont chargés de tout ce qui concerne les dépenses de chaque Chambre, soit pour le payement des allocations faites aux membres, soit pour l'aménagement des salles, l'entretien et la garde des palais où se tiennent les séances, etc. Ils ont autorité sur les huissiers et autres gens de service, et reçoivent une indemnité spéciale.

Le respect du principe de la division des pouvoirs et la nécessité de ne pas priver les électeurs du mandataire qu'ils se sont choisi, ont fait décider que, pendant les sessions du Parlement, les sénateurs et les députés seraient considérés comme inviolables, et qu'ils n'auraient à répondre de leurs actes devant l'autorité judiciaire qu'autant que le Sénat ou la Chambre des députés, suivant les cas, auraient consenti à lever l'immunité parlementaire qui couvre chacun de leurs membres.

Quand le Congrès ou Assemblée nationale se réunit, le bureau de la Chambre des députés disparaît; c'est le bureau du Sénat qui fonctionne.

Résumé.

1° Le président de la République est élu pour sept ans. Il reçoit les ambassadeurs, en envoie dans les autres capitales, fait les traités, promulgue les lois, etc.

2° Les ministres sont responsables devant les Chambres de leurs actes personnels, des actes de leurs collègues, et des décrets du président de la République, quand ils les ont contresignés.

3° On distingue les départements ministériels suivants :

Intérieur : Administration départementale et communale, police, prisons.

Justice : Cours et tribunaux.

Cultes : Les cultes catholique, protestant, israélite.

Instruction publique : Enseignement à tous ses degrés.

Beaux-Arts : Musées, théâtres, écoles d'art, etc.

Guerre : Armée de terre, forteresse, gendarmerie,

Marine et colonies : Armée de mer, flotte, ports, colonies.

Finances : Recouvrement des impôts et payement des services publics.

Affaires étrangères : Relations avec les puissances étrangères, traités, etc.

[1] Voir page 5, loi du 24 février 1875.

[2] Voir page 6.

Travaux publics : Voies de communication.

Commerce, Agriculture, Postes et Télégraphes, dont les attributions sont assez indiquées par le nom même du ministère.

4° Les ministres et le président de la République peuvent être mis en accusation par la Chambre des députés ; dans ce cas, ils sont jugés par le Sénat.

5° Les deux Chambres se réunissent pour former le Congrès qui revise la Constitution ou nomme le président de la République.

6° Elles discutent séparément les lois.

XII. — CONFECTION DES LOIS

Projets de loi. — On appelle *projets de loi* ceux qui émanent du gouvernement ; les projets émanant des députés ou des sénateurs prennent le nom de *propositions de loi*.

Quand le gouvernement veut présenter un projet de loi, il le rédige, puis il l'envoie à l'une des Chambres, au nom et sous la signature du chef de l'État.

Les propositions de loi sont soumises préalablement à l'examen d'une *commission d'initiative*, composée d'un certain nombre de membres, lesquels donnent leur avis et font un premier rapport à la Chambre ; ils indiquent seulement s'il y a lieu ou non de discuter le projet présenté.

Si la Chambre *prend en considération* ce projet, c'est-à-dire si elle juge qu'il faille le discuter, elle nomme une commission qui l'examine attentivement et fait un rapport dans lequel est appréciée, article par article, la proposition de loi. Les conclusions de ce rapport sont ensuite soumises aux délibérations de l'assemblée.

Discussion des lois. — Les projets de loi qui émanent du gouvernement sont généralement discutés tout d'abord à la Chambre des députés, qui peut les rejeter, les modifier ou les adopter. Si elle adopte une loi dans une première discussion, elle doit la soumettre à une seconde délibération ; c'est ce que l'on exprime en disant que les projets de loi sont soumis à deux lectures. Si elle les rejette en première ou en seconde lecture, il n'y a pas lieu de les présenter à l'autre Chambre ; si elle les adopte, avec ou sans modification, on les envoie à l'autre Chambre, où ils subissent les mêmes épreuves.

La seconde lecture peut être supprimée en vertu d'une *déclaration d'urgence* que peuvent prononcer l'une et l'autre des deux Chambres. Une seule délibération suffit également pour les lois du budget, d'intérêt local et pour presque toutes les lois d'affaires.

Quand les deux Chambres ont adopté une loi, les ministres la soumettent à la signature du chef de l'État, qui la fait publier dans le *Journal officiel*.

Le budget, aussi appelé *loi des finances*, est nécessairement discuté en premier lieu par la Chambre des députés, ainsi que toutes les lois qui engagent les deniers de l'État.

On le voit, les attributions du Sénat et de la Chambre des députés sont fort importantes. Il est donc souverainement désirable que les hommes choisis pour assumer de si redoutables responsabilités soient intègres, désintéressés, indépendants.

Une disposition de la loi du 14 août 1884 abroge l'article de la Constitution aux termes duquel, le dimanche qui suit la rentrée des Chambres, des prières publiques devaient être dites dans toutes les églises de France, afin de supplier Dieu de donner aux membres du Parlement la sagesse pour bien connaître leurs devoirs, et le courage pour les remplir consciencieusement. Les bons citoyens ne doivent pas se borner à faire des prières dans ce but une fois seulement dans l'année ; ils doivent solliciter très souvent, pour les dépositaires du pouvoir et les membres du Parlement, l'assistance divine, qui leur est nécessaire pour être toujours à la hauteur de leur délicate et importante mission.

Résumé.

1º Les projets de loi peuvent être préparés par le gouvernement ou par quelqu'un des membres du Parlement.

2º Ils sont ordinairement discutés deux fois dans chacune des Chambres.

3- Si une Chambre adopte un projet de loi, et que l'autre le repousse, la loi ne peut être promulguée

4º Quand les deux Chambres ont adopté une loi, le président de la République la promulgue, et elle devient obligatoire dans toute la France.

5º Il est important que les députés aient les lumières nécessaires pour faire de bonnes lois ; ce n'est donc pas sans raison que les bons citoyens ne s'abstiennent pas de faire des prières dans ce but.

XIII. — RESPECT DE LA LOI

Caractère obligatoire de la loi. — Le respect de la loi est ce qui fait la force d'une nation. Tous les citoyens qui sont vraiment animés de l'amour de la patrie observent la loi, sans qu'on ait besoin de les y contraindre, et seulement parce qu'ils savent que c'est pour eux un devoir qui leur est imposé par la conscience et par le sentiment d'un patriotisme bien compris. L'intérêt des individus, comme

celui du pays et de la société, est intimement lié au respect
de la loi. Quand la loi n'est pas observée, l'anarchie et le
désordre règnent dans l'État, et bientôt il n'y a plus de
sécurité ni pour les biens ni pour les personnes elles-
mêmes.

La loi doit être observée par tous, souverains et sujets.

C'est elle qui doit régler l'usage de l'autorité, et c'est par elle
que l'autorité n'est plus un joug pour les sujets, mais une règle
qui les conduit, un secours qui les protège, une vigilance paternelle qui ne s'assure leur soumission que parce qu'elle s'assure
leur tendresse. Les hommes croient être libres quand ils ne sont
gouvernés que par les lois; leur soumission fait alors leur bonheur, parce qu'elle fait toute leur tranquillité et toute leur confiance. Les passions, les volontés injustes, les désirs excessifs et
ambitieux que les princes mêlent à l'autorité, loin de l'étendre,
l'affaiblissent : ils deviennent moins puissants dès qu'ils veulent
l'être plus que les lois ; ils perdent en voulant trop gagner : tout
ce qui rend l'autorité injuste et odieuse, l'énerve et la diminue [1].

Infractions aux lois. — Il est vrai néanmoins que, chez
les nations même les plus civilisées, il se produit des infractions aux lois, soit parce qu'elles ne sont pas toujours
bien comprises, soit parce que les passions et les vices entraînent des malheureux à violer ouvertement les obligations
les plus certaines.

De là naît la nécessité d'établir des tribunaux, qui se
prononcent sur le sens de la loi pour en faire l'application
aux citoyens, et qui punissent ceux qui l'ont violée.

L'administration de la justice comprend l'ensemble des
tribunaux qui expliquent les lois et les appliquent.

Ce mot *justice* est très heureusement employé ici; car il
est *juste* que les citoyens qui participent au bienfait de la
loi l'observent dans ce qu'elle peut avoir de gênant ou d'onéreux, et soient punis quand ils l'ont méconnue : aucune
société ne peut subsister sans lois.

Une antique tradition représente la justice tenant une
balance dans une main et un glaive dans l'autre. La balance
est l'emblème de l'impartialité qui doit présider aux décisions du juge; le glaive, l'emblème de la force qui viendra
au besoin assurer l'exécution de sa sentence. Avec la balance
sans le glaive, la justice ne serait que la personnification
de l'impuissance; avec le glaive, sans la balance, elle serait
la personnification de la force brutale.

---

[1] Massillon.

Résumé.

1° On doit observer la loi ; ce devoir est imposé par l'intérêt bien compris, par le patriotisme et par la conscience.

2° Ce devoir est universel ; nul n'a le droit de s'y soustraire, pas plus le souverain que le simple citoyen.

3° Il se produit des infractions aux lois. Ces infractions doivent être réprimées.

4° Ce sont les tribunaux qui sont chargés de punir ceux qui ont violé la loi.

XIV. — ORGANISATION DE LA JUSTICE [1]

Diverses sortes de tribunaux. — Notre organisation judiciaire comprend deux ordres de tribunaux : les *tribunaux civils* et les *tribunaux criminels*.

Par *tribunaux civils*, on entend les tribunaux qui se prononcent sur les difficultés auxquelles donnent lieu la condition des personnes et le régime des biens ; les *tribunaux répressifs* sont ceux qui jugent les crimes, les délits et les contraventions par lesquels les individus attentent à la sûreté de l'État, à la propriété, à l'honneur ou à la vie des citoyens.

Ainsi un individu a frappé un de ses concitoyens de manière à le blesser : s'il est poursuivi, ce sera devant le *tribunal correctionnel*. Deux individus ont passé un contrat par lequel l'un vend à l'autre trente sacs de blé de première qualité à raison de 20 francs l'hectolitre. Lors de la livraison, l'acheteur croit que le blé qu'on lui livre n'est pas de la qualité promise, il le refuse ; le vendeur insiste pour qu'il le prenne. Si l'on plaide, on ira devant un *tribunal civil*.

Parfois, dans un même procès, on trouve à la fois une question civile et une *question criminelle*.

Ainsi, dans le premier exemple que nous venons de donner, la personne qui a été blessée peut ne pas se contenter de voir condamner son agresseur à l'amende ou à la prison ; elle a le droit de réclamer une indemnité pour les journées perdues, les frais de médecin, etc. Alors elle se porte *partie civile*, et demande des *dommages-intérêts*. Dans ce cas, l'affaire est à la fois *civile* et *criminelle*.

---

[1] Notre organisation judiciaire remonte au mois d'août 1790. Toutefois à cette époque, les juges étaient élus par le peuple. Par les lois du 27 vendémiaire an VIII (1800), et du 21 avril 1810, la magistrature reçut les prérogatives qui font son honneur et la sécurité des justiciables.

Les membres des tribunaux sont appelés *juges*, et ceux des cours d'appel et de la Cour de cassation sont nommés *conseillers*.

Pour juger les différentes affaires civiles ou criminelles, il y a des tribunaux de différents degrés.

Dans tout tribunal, un crucifix, placé au-dessus du siège du président, avertit les juges, les témoins et les avocats que la justice est une sainte chose, et que Dieu jugera à son tour ceux qui auront provoqué ou prononcé des sentences.

Les juges ne peuvent se saisir eux-mêmes; il faut qu'on assigne devant eux.

Quand le fait déféré à un tribunal présente le caractère d'un *crime*, d'un *délit* ou d'une *contravention*, les poursuites sont exercées par le *ministère public*, ayant pour organes des magistrats qui agissent au nom du gouvernement et dans l'intérêt de la société.

Le ministère public est chef de la *police judiciaire*, qui comprend des magistrats, puis les préfets et maires, la gendarmerie; la police judiciaire recherche les faits punissables d'une peine, pour en livrer les auteurs à la justice.

Justice de paix. — Dans chaque canton, il y a un juge de paix, nommé par le chef de l'État, et dont la fonction principale, comme son nom l'indique, est d'amener à se concilier les personnes dont les intérêts sont en litige; c'est ce qu'on appelle le *préliminaire de conciliation* devant nécessairement précéder toute demande en justice, sauf pour certains cas expressément exceptés. Mais le juge de paix a une compétence propre pour statuer sur un grand nombre d'affaires de minime importance. En matière civile, ce magistrat connaît d'un certain nombre de difficultés qui surgissent, tantôt entre des particuliers quelconques, tantôt entre des personnes ayant des rapports déterminés. Dans toutes ces contestations, il prononce en dernier ressort quand le taux de la demande n'excède pas 100 francs; s'il dépasse ce chiffre, on peut former appel devant le tribunal civil; le *maximum* du montant de la demande qu'on peut soumettre au juge de paix varie suivant l'objet du litige; il peut s'élever à 150, à 200, à 1500 fr.

En matière de simple police, le juge de paix prononce sur les infractions aux lois et règlements qualifiées de contraventions et punissables d'une amende de 1 à 15 francs et d'un emprisonnement de 1 à 5 jours. Mais lorsque le jugement prononce une amende supérieure à 5 francs ou la prison, il est susceptible d'appel dans les dix jours de la signification.

En matière *criminelle* et *correctionnelle*, ce magistrat est officier de police judiciaire, auxiliaire du procureur de la République, et peut faire des arrestations et des perquisitions, pour éclairer la justice.

En outre, le juge de paix pose les scellés sur les meubles des personnes décédées, et dont les héritiers sont absents ou mineurs. Il préside les conseils de famille, qui règlent les intérêts des enfants mineurs après la mort de leurs parents, dresse les actes d'adoption et d'émancipation, et préside l'assemblée électorale des ouvriers pour la nomination des membres des conseils de prud'hommes.

Tribunaux de première instance. — En général, dans tous les arrondissements sont institués des *tribunaux de première instance*, qui jugent des *affaires civiles* et des *affaires correctionnelles* [1]. Ces dernières sont celles où il s'agit de *délits*, c'est-à-dire fautes plus graves que les simples *contraventions*, et moins graves que les *crimes* [2].

Ils tiennent des *audiences civiles* et des *audiences correctionnelles*. En matière civile, les tribunaux de première instance jugent en *premier et dernier ressort* les affaires mobilières et personnelles jusqu'à 1500 fr. de revenus : au delà de ce chiffre, leurs décisions sont susceptibles d'appel.

Quand l'arrondissement est très important, et que le tribunal a chaque année un grand nombre d'affaires à juger, il comprend plusieurs chambres, présidées par l'un des vice-présidents du tribunal.

Il y a, dans chaque tribunal, au moins un juge chargé d'interroger les accusés et de rechercher les preuves de leur culpabilité; il est désigné, en raison de cette fonction, sous le titre de *juge d'instruction*. Une loi récente accorde

---

[1] Divers agents nommés par le chef de l'État aident les tribunaux dans leur action, ce sont : (a) les *notaires*, officiers publics qui constatent par écrit les contrats et autres conventions, en gardent la minute, et leur confèrent l'authenticité; (b) les *huissiers*, officiers publics, chargés de porter à la connaissance des intéressés les assignations en justice et les actes des tribunaux; puis de faire mettre à exécution leurs décisions; (c) les *greffiers*, secrétaires des tribunaux.

[2] *Contravention*, infraction purement matérielle aux lois : tapage nocturne, refus de concours en cas d'incendie, ivresse, etc. — *Délit*, acte qui suppose l'*intention* de nuire : vol, abus de confiance, fraude commerciale, etc. — *Crime*, violation grave des lois : assassinat, faux témoignage, désertion en face de l'ennemi, etc.

à l'accusé le droit de se faire assister par son avocat durant l'interrogatoire du juge d'instruction.

A chaque tribunal de première instance est attaché un procureur, assisté d'un ou de plusieurs substituts. Le *procureur* et ses *substituts* forment le *parquet* du tribunal. Les *avocats*[1] plaident pour les particuliers, et les *avoués* étudient les affaires au point de vue de la procédure, pour renseigner les avocats ou les intéressés ; ils représentent les plaideurs devant le tribunal.

Cours d'appel. — Au-dessus des tribunaux de première instance sont les *cours d'appel*, ainsi nommées parce que les personnes qui ont plaidé en *première instance*, et qui croient que le tribunal n'a pas bien jugé, *appellent* de la sentence qu'il a prononcée, et portent l'affaire devant la cour, qui peut réformer le premier jugement. Ce recours n'est possible que pour les affaires d'une importance supérieure à 1500 francs. En toute matière, les arrêts des Cours d'appel sont rendus par *cinq* juges au moins, président compris. Les magistrats délibérant doivent toujours être en nombre impair. Chaque cour d'appel a une chambre appelée *Chambre des mises en accusation*, spécialement chargée d'apprécier toutes les poursuites intentées dans l'étendue du ressort, à l'occasion des faits réputés crimes aux yeux de la loi. Quand elle juge qu'il y a crime, elle renvoie l'inculpé à la *Cour d'assises*. Il existe aussi près de chaque *cour d'appel* un *parquet*, qui comprend un *procureur général*, un ou plusieurs *avocats généraux*[2], et un ou plusieurs *substituts du procureur général*.

Il y a en France 26 cours d'appel. (Voir Géographie.)

Cour d'assises[3]. — La cour d'assises est un tribunal qui siège temporairement dans les départements pour juger les infractions à la loi punies de peines afflictives et infamantes,

---

[1] L'un des principes de notre organisation judiciaire, c'est la gratuité des jugements. Les personnes qui plaident n'ont donc pas à payer leurs juges ; mais il y a toujours des frais pour les vacations des huissiers, le papier timbré, l'enregistrement du jugement, les honoraires des avocats et des avoués. Les pauvres, s'ils étaient obligés de payer ces frais, ne pourraient pas faire valoir leurs droits. C'est pourquoi on a organisé l'*assistance judiciaire* (loi du 22 janvier 1851). En vertu de cette loi l'*assisté* est dispensé de payer les frais de timbre et d'enregistrement, et il lui est donné un avocat, un avoué, un huissier, qui lui prêtent gratuitement leur ministère.

[2] L'*avocat général* est ainsi nommé parce qu'il n'est pas l'avocat d'un individu, mais l'avocat de la loi.

[3] Les cours d'assises ont été instituées en 1808.

depuis la réclusion jusqu'à la peine de mort. Il y a chaque année quatre sessions des assises.

Ces tribunaux, chargés de juger non plus les *contraventions* ou les *délits*, mais les *crimes*, se composent d'un président, conseiller à la cour, et de deux assesseurs, conseillers ou juges, appartenant à la cour d'appel ou au tribunal de première instance. Le *parquet* de la cour y est quelquefois représenté par le procureur général ; ce magistrat se fait ordinairement remplacer par des avocats généraux ou des substituts quand la cour d'assises se tient au siège d'une cour d'appel. Autrement, c'est le parquet du tribunal qui instrumente auprès de la cour d'assises.

Les affaires *criminelles* sont jugées avec l'aide du jury.

Jury. — Chaque année, les juges de paix et conseillers généraux, assemblés avec le président du tribunal, déterminent les personnes qui devront faire partie du jury aux diverses sessions des cours d'assises. Dix jours au moins avant l'ouverture des assises, le premier président de la Cour d'appel ou le président du tribunal du chef-lieu des assises, dans les villes où il n'y a pas de cour d'appel, *tire au sort* en audience publique, sur la liste annuelle, les noms des 36 jurés qui forment la liste de la session, plus 4 suppléants. Pour multiplier, tant au profit de l'accusé qu'au profit de la société, les garanties d'une bonne justice, la loi reconnaît à l'avocat, représentant l'accusé, et au ministère public, représentant la société, le droit de récuser ceux des jurés désignés par le sort et qu'ils ne voudraient pas avoir pour juges. En aucun cas, ils ne peuvent faire connaître les motifs de la récusation. Le jury est formé à l'instant où il est sorti de l'urne 12 noms de jurés non récusés.

Le greffier, sur l'invitation du président, donne lecture de l'acte d'accusation dressé par le ministère public.

On interroge l'accusé, les témoins à charge et à décharge ; le ministère public, dans son réquisitoire, justifie l'accusation ; les avocats de l'accusé prennent sa défense. Quand tous ont terminé leurs plaidoiries, les jurés se retirent dans une salle à part ; ils ont à répondre à ces questions :

1º L'accusé est-il coupable du crime dont on l'accuse ?

2º Y a-t-il lieu d'admettre des circonstances atténuantes ?

Quand la réponse à la première question est négative, l'accusé est mis en liberté immédiatement, et il ne peut plus être recherché pour le même fait. Alors il n'y a pas lieu évidemment de répondre à la deuxième question. Quand cette réponse est affirmative, l'accusé peut être condamné au maximum de la peine, si l'on n'admet pas les circonstances atténuantes; si on les admet, il est nécessairement condamné à une peine moindre.

Ainsi c'est le jury qui déclare la culpabilité *certaine* de l'accusé ou sa non culpabilité, soit qu'il le reconnaisse *innocent*, soit qu'il ne trouve pas suffisantes les *preuves* alléguées contre lui; mais c'est la cour seule qui prononce la peine et en fixe l'importance.

Cour de cassation. — Placée au sommet de la hiérarchie judiciaire, la cour de cassation, ou cour suprême, est appelée à connaître des jugements en dernier ressort prononcés par les diverses juridictions, de manière à maintenir une saine et universelle application des lois.

Elle examine les jugements au point de vue de la régularité, mais elle ne juge pas au fond[1]; elle les maintient ou les *casse*. Lorsqu'il y a *cassation* d'une sentence, l'affaire est renvoyée devant d'autres juges, pour y être plaidée à nouveau.

La *cour de cassation*, toutes chambres réunies, est aussi la gardienne de l'intégrité des juges et de l'honneur de la magistrature, dont elle constitue le *Conseil supérieur*. (Loi du 30 août 1883.)

Comme les conseillers des cours et les juges des tribunaux, — sauf les juges de paix, — sont inamovibles[2], ils pourraient abuser de l'indépendance que leur donne cette situation. Quand on pense qu'ils ont forfait à leurs devoirs, ils sont traduits devant la *cour de cassation*, qui seule peut autoriser leur déplacement, les suspendre ou les exclure de la magistrature.

Résumé.

1° La justice règle les différends survenus entre les particuliers.

2° La justice criminelle poursuit les violateurs des lois.

3° On distingue la *justice de paix*, qui cherche à concilier les parties, et qui punit les simples *contraventions;* le *tribunal de première instance*, qui juge toutes les affaires civiles et qui punit les *délits ;* la *cour d'appel*, qui réforme ou confirme les jugements du tribunal de première instance ; la *cour*

---

[1] Elle ne juge pas au fond, c'est-à-dire qu'elle se borne à vérifier si les *principes de droit* ou les *formes de procédure* ont été observés ; mais elle n'apprécie pas les *faits* d'une cause.

[2] *Inamovible*, qui ne peut être changé ou remplacé, s'il n'y consent. L'inamovibilité des juges leur permet de ne pas craindre une disgrâce, dans le cas où leur conscience les oblige à prononcer une sentence désagréable au gouvernement. C'est donc une garantie pour les citoyens.

d'*assises*, qui punit les *crimes*; la *cour de cassation*, qui confirme ou casse la sentence des cours d'appel ou autres tribunaux.

4° On distingue deux sortes de magistrats : les *juges* ou *conseillers*, qui sont inamovibles ; ils constituent la *magistrature assise*. Les membres du parquet : *procureurs*, *substituts*, *avocats généraux*, révocables à volonté par le gouvernement dont ils représentent les intérêts auprès des tribunaux. Ils forment la *magistrature debout*.

5° Le *jury* est formé par des citoyens honorables, mais étrangers à la magistrature. Les jurés déclarent s'ils croient l'accusé coupable, et si celui-ci peut-être excusé dans une certaine mesure par des circonstances *atténuantes*, qui diminuent la gravité de sa faute. Le jury ne détermine pas la peine qu'il faut appliquer, il déclare seulement s'il faut appliquer une peine et dans quelle mesure.

XV. — TRIBUNAUX ADMINISTRATIFS ET TRIBUNAUX SPÉCIAUX

Principaux organes de la juridiction administrative. — Les tribunaux administratifs ont pour mission de juger des affaires dans lesquelles les droits particuliers sont aux prises avec des mesures d'intérêt public, par un agent de l'autorité représentant l'Etat, le département, la commune ou un établissement public.

Les principaux organes de la juridiction administrative sont : en premier ressort et pour chaque département, le *conseil de préfecture*, puis en appel ou en premier et dernier ressort, pour toute la France, le *conseil d'État*.

Conseils de préfecture [1]. — Les conseils de préfecture connaissent principalement des demandes en exonération d'impôts directs et des difficultés qui surviennent par suite des travaux d'utilité publique, exécutés pour le compte de l'État, du département, d'une commune. Ils statuent aussi sur les formes et conditions des opérations électorales, pour les conseils municipaux et de prud'hommes. Les arrêts des conseils de préfecture sont *exécutoires* par provision, malgré le pouvoir du conseil d'État qui peut cependant, mais lui seul, accorder un sursis.

Conseil d'État [2]. — Le conseil d'État annule les actes de

---

[1] Le *conseil d'État* existait de temps immémorial; il fut supprimé en 1790 et 1791, puis rétabli par la Constitution de l'an VIII (consulat). Ce conseil compte aujourd'hui trente-deux membres en service ordinaire, dix-huit en service extraordinaire, trente maîtres des requêtes et trente-six auditeurs (loi du 13 juillet 1879).

[2] Les *conseils de préfecture* ont été créés par la loi du 28 pluviôse, an VIII (17 février 1800), la même que celle qui a institué les conseils généraux et les préfectures, en remplacement des Directoires des départements.

l'autorité administrative entachés d'*excès de pouvoirs*, ceux de la cour des comptes, du conseil supérieur de l'instruction publique ou des conseils de revision de recrutement, qui seraient entachés du même vice; il juge directement les affaires litigieuses non attribuées par la loi à une autre juridiction et qui ont un caractère administratif.

Il apprécie la validité des élections aux assemblées départementales et celles des conseillers municipaux pour le choix des sénateurs. Il donne aussi son avis sur les propositions de loi que les Chambres jugent à propos de lui envoyer, sur les projets de loi préparés par le gouvernement, et sur toutes les questions qui lui sont soumises par le président de la République ou par les ministres.

Tribunal des conflits. — Il arrive parfois que des particuliers s'adressent, pour obtenir justice, aux tribunaux ordinaires, qu'ils supposent investis du soin de statuer sur des griefs invoqués contre des actes imputables à l'administration. Quand le préfet, averti de pareilles demandes, estime qu'elles ne doivent pas être soumises à l'autorité judiciaire, il présente un *déclinatoire*, ou mise en demeure, pour le tribunal, de se dessaisir; si celui-ci rejette le déclinatoire, le préfet élève, par un arrêté, le *conflit d'attributions*, pour revendiquer la cause, en faveur de la justice administrative.

Le tribunal ou la cour doit alors surseoir à statuer jusqu'à ce qu'une assemblée spéciale, appelée à cause de cela *tribunal des conflits*, se soit prononcée sur la question de compétence.

Ce tribunal siège à Paris. Le ministre de la justice en est le président. Il est composé de trois conseillers d'État élus par leurs collègues, de trois membres de la cour de cassation élus par cette cour, et de deux autres magistrats élus par les six premiers. Il ne peut délibérer valablement qu'au nombre de cinq membres présents au moins.

Tribunaux militaires. — C'est une règle traditionnelle que les militaires sont justiciables de *leurs pairs*, autrement dit d'autres militaires, pour les crimes et délits qu'ils commettent contre l'ordre public ou la discipline. Cependant la règle fléchit lorsque, dans une même poursuite, il y a des militaires et des civils. L'affaire est alors déférée à la juridiction ordinaire; en dehors de ce cas spécial, les militaires sont soumis à des tribunaux spéciaux désignés sous le nom de *conseils de guerre*. Ce sont des officiers qui font les fonctions de juges. Les fonctions du ministère public sont également remplies par un officier. Les accusés peuvent se faire défendre, comme devant les tribunaux ordinaires, par un avocat.

Les grades des officiers qui remplissent les fonctions de juges doivent être égaux ou supérieurs au grade de l'accusé.

Les conseils de guerre prononcent en dernier ressort; il y a seulement un recours devant les *conseils de revision*, pour violation de la loi. Le pourvoi en cassation est interdit aux militaires.

Tribunaux de commerce. — Les tribunaux de commerce jugent les différends survenus entre commerçants, mais seulement au sujet de leurs affaires commerciales et connaissent, *en appel* des jugements rendus par les conseils de prud'hommes, lorsque le chiffre de la demande dépasse 200 francs. Les juges de ces tribu aux prenaient autrefois le nom de *consuls*. Ils sont élus par les commerçants des villes assez importantes pour qu'on ait jugé utile d'y établir ces tribunaux exceptionnels. Dans celles où n'existe pas de tribunal de commerce, ces sortes d'affaires sont jugées par le tribunal de première instance.

Conseils de prud'hommes. — Les conseils de prud'hommes prononcent sur les difficultés entre les patrons et les ouvriers. Cette juridiction spéciale, analogue à celle des juges de paix, est instituée dans les principales villes manufacturières. Les juges sont pris en égal nombre dans ces deux catégories de citoyens.

Juridiction universitaire. — Les tribunaux universitaires : conseil supérieur, conseils académiques, conseils départementaux, sont juges dans les affaires qui se rapportent à la discipline de l'instruction publique ou libre.

Utilité de ces juridictions spéciales. — Ces juridictions spéciales n'empêchent pas l'égalité devant la justice, car elles s'appliquent à tous les citoyens qui sont dans des cas exceptionnels déterminés. Elles ont l'avantage d'assurer une plus grande compétence et d'expédier les affaires sans trop de lenteur.

Les tribunaux militaires jugent tous les militaires; les tribunaux de commerce se prononcent dans toutes les affaires commerciales. Il n'y a point de privilèges et, par conséquent, point d'inégalité.

Résumé.

1° Les tribunaux administratifs jugent les différends survenus entre les particuliers et l'administration.

2° Le conseil de préfecture examine les contestations relatives aux impôts et aux élections municipales.

3° Le conseil d'État juge les contestations d'élections pour les conseils généraux et d'arrondissement, et les différends entre les particuliers et les préfets ou les ministres.

4° Le tribunal des conflits examine les réclamations des préfets ou autres agents du pouvoir, contre la compétence des tribunaux ordinaires. Il décide si les procès intentés à l'administration devront être jugés par les tribunaux judiciaires ou par les tribunaux administratifs.

5° Les conseils de guerre jugent les militaires.

6° Les tribunaux de commerce jugent les affaires commerciales.

7° Les conseils de prud'hommes règlent les différends qui s'élèvent entre les patrons et les ouvriers.

8° Les tribunaux universitaires sont juges dans les affaires concernant l'instruction publique ou libre.

XVI. — LES CULTES

Des cultes reconnus. — Jusqu'à la Révolution, la religion catholique était la *religion de l'État*, et ses lois étaient, dans une certaine mesure, lois de l'État[1]. Les dissidents pouvaient demeurer en France, y professer leur religion et parvenir à des emplois publics ; mais ils étaient privés de plusieurs avantages reconnus aux seuls catholiques. Il en était ainsi dans tous les États ; d'ailleurs, aujourd'hui encore, en Angleterre et en Russie, par exemple, les protestants et les schismatiques sont traités bien plus favorablement que les catholiques et les autres citoyens qui ne professent pas la religion de l'État.

Actuellement l'État français reconnaît trois cultes, qui peuvent avoir des églises et des temples, et vaquer à des cérémonies publiques, en se conformant aux lois. Ce sont : le culte catholique, professé par 35 387 703 individus ; le culte protestant, par 580 757, et le culte israélite, par 49 439[2].

Budget des cultes. — Les ministres de ces différents cultes reçoivent de l'État un traitement ou une allocation.

Pour le culte catholique, cette allocation revêt le caractère d'une indemnité et ne représente qu'une partie de la

[1] La charte de Louis XVIII (1814) rendit à la religion catholique ce titre, qu'elle garda jusqu'en 1830.

[2] Ces chiffres sont ceux qu'a fournis le recensement de 1872. Les recensements faits depuis cette époque ne donnent plus ces indications.

rente des biens confisqués à l'Église en 1789, que l'État s'est obligé à servir par le Concordat de 1801.

Les biens de l'Église avaient un revenu de cent vingt millions, et c'est à cette condition que le Pape a permis aux acquéreurs des biens ecclésiastiques de les garder en toute sécurité de conscience malgré l'inaccomplissement des conditions prescrites par les lois canoniques pour l'aliénation de ces biens.

Les dépenses du budget des cultes s'élevaient, en 1898, à 43 092 553 francs, dont 2 301 630 francs étaient affectés aux cultes dissidents.

Rapports de l'État avec les cultes reconnus. — Les rapports entre l'État et l'Église catholique sont réglés par le Concordat, ou traité intervenu, le 15 juillet 1801, entre le Pape Pie VII et Bonaparte, alors premier Consul, pour la réorganisation du culte catholique en France.

Le chef de l'État désigne les archevêques et évêques ; ceux-ci se font agréer par le Pape, qui les préconise, les autorise à se faire sacrer, et leur donne la juridiction qu'ils doivent exercer ; les cardinaux sont proposés au Pape.

Il y a en France sept cardinaux, qui sont en même temps archevêques ou évêques ; dix-sept archevêques et soixante-sept évêques. Il y a en outre, en Algérie et Tunisie, un archevêque et trois évêques, et dans les autres colonies, trois évêques.

Les protestants forment deux cultes distincts, l'un et l'autre reconnus et rétribués par l'État : le culte *calviniste* (dit aussi *réformé*) ou de la confession de Genève et le culte *luthérien* ou de la confession d'Augsbourg.

Chaque paroisse relevant de l'église réformée ou calviniste a un *conseil presbytéral* composé du pasteur ou des pasteurs et de membres laïcs élus par leurs coreligionnaires et renouvelables par moitié tous les trois ans. Les *consistoires* sont des assemblées mixtes de pasteurs et de laïcs ayant autorité sur les conseils presbytéraux. Le président est élu par les membres qui le composent, parmi les pasteurs en faisant partie, et son élection est soumise à l'agrément du gouvernement. Les calvinistes ont en outre un *Conseil central* qui représente auprès du gouvernement les églises réformées de France.

Les luthériens ont, de plus, des *synodes particuliers*, composés des membres de plusieurs consistoires, un *synode général*, composé de députés, choisis également parmi les pasteurs et laïcs ; ce synode général peut convoquer un *synode constituant*.

Le culte israélite comprend des *synagogues*, desservies par les rabbins. Au-dessus des synagogues est le *consistoire départemental*. Un *consistoire central*, composé d'un *grand Rabbin* et de huit membres laïques élus siège à Paris. Les traitements des ministres du culte israélite ont été mis à la charge du Trésor public par une loi du 3 mai 1841.

Résumé.

1° Avant la Révolution, l'Église catholique était seule reconnue en France ; elle était la religion de l'État ; elle a de nouveau joui de cette prérogative depuis 1814 jusqu'en 1830.

2° Actuellement, la France reconnaît les cultes catholique, protestant, et israélite.

3° L'allocation faite par le gouvernement aux ministres du culte catholique est une partie de la rente des biens enlevés à l'Église et mis à la disposition de la nation, par la loi du 22 novembre 1789.

4° Les rapports entre l'Église catholique et l'État sont réglés par le Concordat du 13 juillet 1801.

5° Le chef de l'État nomme aux évêchés ; les évêques reçoivent l'institution canonique du Pape avant de recevoir la consécration épiscopale.

6° Les curés sont nommés par les évêques, et agréés par le gouvernement.

7° Les ministres des cultes protestant et israélite sont élus par leurs coreligionnaires et agréés par le gouvernement.

XVII. — ORGANISATION DE L'ÉGLISE CATHOLIQUE

Nous venons de voir que la France compte plus de 35 000 000 de catholiques, tandis que les statistiques n'accusent guère qu'un demi-million de dissidents. On ne trouvera donc pas extraordinaire que nous exposions avec quelque détail l'organisation de l'Église catholique.

De l'Église catholique en général. — L'Église catholique, répandue dans le monde entier, compte, en chiffres ronds, 200 000 000 de fidèles, répartis en 1 127 diocèses. A la tête de ces diocèses sont des patriarches, des archevêques, des évêques ou des vicaires apostoliques, en communion avec le Saint-Siège, c'est-à-dire ayant reçu du Pape leur juridiction, lui rendant compte des actes de leur administration spirituelle, et recevant ses instructions pour le bon gouvernement des âmes.

Du Saint-Siège. — Par le Saint-Siège ou Siège apostolique, on entend le Siège épiscopal fixé par saint Pierre à Rome, et dont le Pape est titulaire. On désigne aussi sous ce nom le Pape lui-même, et le gouvernement pontifical. Le

Pape a autorité et juridiction immédiate sur toute l'Église. Les catholiques, quel que soit leur rang : évêques, princes, simples fidèles, sont soumis à son autorité spirituelle.

Cette autorité est double. En matière de dogme et de morale, le Souverain Pontife constate et définit la tradition universelle de l'Église ; en matière de discipline et de liturgie, il jouit d'une juridiction de propre mouvement ou d'appel. Les décisions du Pape, dans l'ordre spirituel, s'imposent à la conscience des catholiques. Il appartient au Saint-Siège de modifier, suivant le besoin du temps, les règles disciplinaires ou liturgiques.

Le Pape est élu par le *sacré Collège* ou collège des *cardinaux*, qui forment son conseil ordinaire pour le gouvernement de l'Église. On compte six cardinaux-évêques, cinquante cardinaux-prêtres et quatorze cardinaux-diacres. Ils sont répartis en diverses congrégations, dont chacune s'occupe d'une catégorie spéciale d'affaires ; nommons : la congrégation de la *Propagande*, celle des *Rites*, celle de l'*Index*, celle des *Évêques* et *Réguliers*...

Le Saint-Siège accrédite auprès des gouvernements étrangers des ambassadeurs qui portent, suivant le cas, le titre de nonces (*envoyés*), d'internonces, de délégués apostoliques. Les gouvernements accréditent auprès du Pape des ambassadeurs, des ministres, etc. A Paris, le nonce apostolique, dans les cérémonies officielles, porte la parole au nom du corps diplomatique, dont il est censé le doyen.

Administration du culte catholique en France. — Le ministère des cultes, en France, est généralement rattaché à l'un des trois ministères suivants : justice, intérieur ou Instruction publique. Un conseiller d'Etat est, d'ordinaire, chargé de la Direction des cultes.

Il s'occupe de tout ce qui regarde le personnel ecclésiastique, des nominations à faire dans le clergé, et auxquelles participe le gouvernement, du budget des cultes, de l'administration temporelle des diocèses, des établissements diocésains, etc.

Administration diocésaine. — Les archevêques, les évêques gouvernent leurs diocèses respectifs dans la plénitude de leurs droits. Mais il y a des cas spéciaux où un recours est admis, devant le métropolitain, contre les actes de ses suffragants. Les archevêques président les *conciles provinciaux*. Ils sont assistés de trois vicaires généraux ; le chapitre de leur cathédrale comprend dix chanoines, dont la nomination doit être agréée par le gouvernement. Les évêques n'ont que deux vicaires généraux et neuf chanoines. Dans un certain nombre de paroisses, une au moins par canton, la nomination du curé, qui a aussi le titre de doyen ou d'archiprêtre, doit également être soumise au gouvernement. Les chanoines et les curés dont la nomination est ainsi agréée, sont inamovibles. Les prêtres qui *desservent* les autres paroisses peuvent être changés par l'évêque.

Administration paroissiale. — Dans chaque paroisse est établi un conseil de fabrique, qui est, à l'origine, nommé moitié par l'évêque et moitié par le préfet. Il se recrute ensuite lui-même. Il se nomme un *bureau*, qui s'appelle *bureau des marguilliers*. La fabrique est propriétaire des biens qui appartiennent à la paroisse. Elle en administre les revenus sous l'autorité de l'évêque et du ministre des cultes.

Résumé.

1° L'Église catholique compte 200 000 000 de fidèles, répartis en 1127 diocèses.

2° Le Saint-Siège gouverne l'Église catholique. Il comprend le Pape et le sacré Collège des cardinaux, au nombre de soixante-dix.

3° Le Pape envoie des nonces aux gouvernements et reçoit leurs ambassadeurs.

4° Le ministère des cultes en France est rattaché à l'un de ces trois ministères : justice, intérieur, instruction publique. Il y a une *Direction du culte catholique* dont le chef est conseiller d'État, *directeur général des cultes*.

5° Les archevêques et évêques sont assistés dans l'administration par des vicaires généraux et des chanoines. Ces derniers sont inamovibles. Les curés dont la nomination est agréée par le gouvernement, sont également inamovibles.

6° Les fabriques sont des conseils qui administrent les biens des paroisses, sous l'autorité de l'évêque et du préfet.

XVIII. — L'INSTRUCTION PUBLIQUE

Éducation et enseignement. — Les parents ont le devoir de faire instruire leurs enfants des principes de la religion, des vérités morales, de toutes les obligations que peuvent avoir à remplir de bons chrétiens et de bons citoyens ; c'est là proprement l'éducation.

Ils doivent aussi leur faire donner une instruction littéraire et scientifique en rapport avec leurs moyens, et la position que ces enfants seront vraisemblablement appelés à occuper plus tard.

Jusque dans ces derniers temps, on s'est borné en France à multiplier les écoles, à les pourvoir de bons maîtres, et à engager les familles à veiller à l'instruction des enfants ; mais on n'exerçait aucune espèce de contrainte, comptant sur la conscience des parents, et sur leur amour pour leurs enfants. On se refusait à admettre que les parents repousseraient le bienfait de l'instruction une fois qu'on l'aurait mise à leur portée ; le législateur ne pensait pas pouvoir leur enlever la liberté de prendre à cet égard des déterminations dont ils avaient seuls la responsabilité.

Aujourd'hui, à cette obligation morale des parents, s'ajoute l'obligation légale d'envoyer leurs enfants à l'école, depuis l'âge de six ans jusqu'à l'âge de treize ans.

Toutefois, les enfants qui auront obtenu le *certificat d'études primaires* à l'âge de onze ans, seront dès lors dispensés de l'obligation légale d'aller à l'école.

Les parents ont la facilité de mettre leurs enfants à l'école publique, de les instruire eux-mêmes, de leur donner un précepteur ou de les envoyer dans une école libre, s'il en existe à leur portée.

L'enseignement primaire comprend (loi du 28 mars 1882):

L'instruction morale et civique ;

La lecture et l'écriture ;

La langue et les éléments de la littérature française ;

La géographie, particulièrement celle de la France ;

L'histoire, particulièrement celle de la France jusqu'à nos jours ;

Quelques notions usuelles de droit et d'économie politique ;

Les éléments des sciences naturelles, physiques et mathématiques ; leurs applications à l'hygiène, aux arts industriels, travaux manuels et usage des outils des principaux métiers ;

Les éléments du dessin, du modelage et de la musique;

La gymnastique ;

Pour les garçons, les exercices militaires;

Pour les filles, les travaux à l'aiguille.

Certificat d'études. — Le programme des examens pour le *Certificat d'études primaires*, déterminé par l'arrêté du 16 juillet 1880, comprend :

Une dictée de vingt-cinq lignes au plus ;

Deux questions d'arithmétique : calcul et système métrique, solution raisonnée ;

Une rédaction d'un genre simple (récit, lettre, etc.).

L'examen oral porte sur la lecture, la grammaire, l'analyse, l'histoire et la géographie de la France, le calcul et le système métrique.

Pénalités. — Lorsqu'un élève se sera absenté de l'école sans motif suffisant, ses parents ou autres personnes responsables pourront être condamnés, suivant les cas, aux peines suivantes :

1º Inscription pendant quinze jours ou un mois, à la porte de la mairie, des nom, prénoms et qualité de la personne responsable, avec indication du fait relevé contre elle.

2º Amende de 1 à 15 francs ;

3º Emprisonnement de un à cinq jours.

Enseignement religieux. — L'enseignement religieux ne fait plus partie du programme des écoles publiques. La loi laisse aux parents des élèves qui fréquentent ces écoles le soin de leur faire donner l'instruction religieuse, en dehors du temps des classes.

Les enfants ne sauraient ignorer que c'est un devoir rigoureux, imposé par la conscience, de s'instruire de la vérité religieuse ; ne pouvant s'instruire de ce devoir à l'école publique, ils devront profiter des mesures qui seront prises par leurs parents et le clergé pour s'assurer le bienfait des lumières et des secours de la religion, si nécessaires à notre bonheur, même en ce monde.

Résumé.

1º Les parents ont une obligation morale de veiller à l'éducation de leurs enfants.

2º Ils y sont en outre obligés par la loi civile.

3º Ils doivent les faire instruire : 1º de la religion et de la morale ; 2º des connaissances qui pourront leur être utiles ou nécessaires, soit pour se créer une position, soit pour en bien remplir tous les devoirs.

4º Ils peuvent faire donner l'éducation à leurs enfants dans les écoles publiques, dans les écoles libres ou dans leur famille.

XIX. — ORGANISATION DE L'INSTRUCTION PUBLIQUE EN FRANCE

Divers degrés d'enseignement. — Le législateur a créé des écoles de trois degrés : *primaire, secondaire, supérieur;* la loi permet aussi aux particuliers d'en fonder de semblables. Les premières sont les écoles publiques, et les autres, les écoles libres. La loi a décidé que toutes les écoles publiques devraient devenir écoles laïques dans un délai déterminé. La même loi a expressément réservé le droit de maintenir dans les écoles libres l'enseignement par les membres des congrégations religieuses. (Loi de 1886.)

L'instruction primaire seule est rendue obligatoire par la loi; mais les familles peuvent, si elles le veulent, faire donner à leurs enfants un enseignement beaucoup plus complet, par lequel ils se préparent aux diverses carrières.

L'enseignement primaire élémentaire est complété, dans les écoles *primaires supérieures*, par des leçons de mathématiques, de composition française, de sciences physiques et naturelles, de dessin, etc. (Voir page 56 le programme de l'enseignement primaire.)

L'enseignement secondaire se donne dans les lycées et autres établissements similaires.

Il comprend l'*instruction secondaire classique*, caractérisée par l'étude des langues mortes[1] (latin et grec), et l'*enseignement secondaire moderne*, qui ne suppose pas l'étude de ces langues mortes[2].

\ L'enseignement supérieur est donné dans les facultés de l'État ou dans les facultés libres organisées conformément à la loi. Il prépare les jeunes gens aux grades de licencié et de docteur. On distingue les facultés de théologie protestante, de droit, de médecine, des sciences et des lettres.

Des écoles forment les professeurs qui se destinent à donner l'enseignement à ses divers degrés. Les écoles normales primaires préparent les instituteurs destinés à enseigner dans les écoles primaires, et l'école normale supérieure, pour les lycées. Les professeurs de facultés sont formés dans les cours des facultés elles-mêmes.

Les maîtres des écoles primaires doivent être munis du *brevet élémentaire* ou du *brevet supérieur;* pour l'enseignement secondaire moderne, le *baccalauréat de l'enseignement secondaire moderne* est requis; pour l'enseignement secondaire classique, on exige le *diplôme de bachelier* ou de *licencié;* pour l'enseignement supérieur, celui de *licencié* ou de *docteur.*

Institut de France. — Au-dessus de toutes les écoles est l'Institut de France, qui comprend : 1° l'*Académie fran-*

---

[1] Elle prépare au grade de *bachelier de l'enseignement secondaire classique.*

[2] Elle prépare au *baccalauréat de l'enseignement secondaire moderne,* au *baccalauréat français.*

çaise[1], composée de quarante membres, élus parmi les écrivains les plus célèbres ; 2° l'*Académie des sciences physiques et mathématiques*[2], formée de savants ; 3° l'*Académie des sciences morales et politiques*[3]; elle se compose surtout de philosophes, de moralistes et d'hommes d'État ; 4° l'*Académie des inscriptions et belles-lettres*[4], qui étudie surtout les monuments et les documents au point de vue historique ; 5° l'*Académie des Beaux-Arts*[5], qui maintient les bonnes traditions parmi les artistes : sculpteurs, peintres, architectes, musiciens, etc.

Administration de l'Instruction publique. — L'administration de l'instruction publique comprend :

1° Le *Ministre de l'Instruction publique*, assisté du *Conseil supérieur* ;

2° *Un Recteur*, à la tête de chacune des quinze académies ou circonscriptions universitaires; il est assisté d'un *conseil académique* ;

3° Dans chaque département, un *Conseil départemental* et un *Inspecteur d'Académie;* dans chaque arrondissement, au moins un *Inspecteur primaire.*

4° Des *Inspecteurs généraux* sont délégués par le ministre pour visiter les écoles des divers degrés dans les différentes académies.

Résumé.

1° Il y a trois degrés d'enseignement : l'enseignement primaire, l'enseignement secondaire classique et secondaire moderne, et l'enseignement supérieur.

2° Les maîtres destinés à l'enseignement public s'instruisent dans les écoles normales.

3° L'Institut de France est la réunion des hommes les plus savants, dans toutes les branches. Il comprend cinq académies.

4° L'administration de l'instruction publique comprend : le ministre, assisté du conseil supérieur et des inspecteurs généraux; les recteurs, les inspecteurs d'académie, les inspecteurs primaires.

XX. — LA FORCE PUBLIQUE

Mission de la force publique. — La force publique est l'ensemble des corps qui peuvent contraindre les citoyens au respect de la loi, et empêcher les puissances étrangères de porter atteinte à l'intégrité du territoire et aux droits de la nation.

[1] Fondée en 1635. — [2] Fondée en 1660. — [3] Fondée en 1795. — [4] Fondée en 1663. — [5] Fondée en 1648.

La force publique se compose de l'armée, — dont fait partie la gendarmerie, — de la marine et de la police.

La mission de l'armée et de la marine est de maintenir le prestige et la puissance de la nation au dehors, et de rétablir l'ordre à l'intérieur quand il est troublé.

La police a principalement pour mission de maintenir l'ordre dans la rue et d'arrêter les malfaiteurs. La gendarmerie exécute les mandats de justice partout où la police ne peut étendre son action, assure l'exécution des sentences portées par les tribunaux contre les coupables, etc.

Lorsque les dissensions intérieures, la guerre civile ou la guerre étrangère mettent en péril la sécurité publique ou l'intégrité du territoire, le gouvernement proclame l'état de siège dans certains départements et même dans le pays tout entier. Alors toute l'autorité passe entre les mains des chefs de l'armée, qui ne laissent fonctionner les autres administrations que dans la mesure compatible avec les intérêts du pays, dont ils ont la responsabilité.

L'état de siège ne peut être proclamé, en temps de paix, qu'avec l'assentiment des deux Chambres.

Service militaire. — Le service militaire est diversement organisé dans les différentes nations. Chez quelques-unes, l'armée permanente n'est composée que de volontaires [1]. Ailleurs, on a établi le système du *recrutement* ou *enrôlement forcé* et du *tirage au sort*. En France, nous sommes sous ce dernier régime. Tout citoyen français valide est soldat de vingt à quarante-cinq ans. Il passe trois ans dans l'*armée active* [2], sept ans dans la *réserve de l'armée active*, six ans dans l'*armée territoriale* et neuf ans dans la *réserve de l'armée territoriale* [3].

On tire au sort, et l'effet du tirage est de déterminer les jeunes soldats appelés à compléter les cadres de l'armée de mer ou ceux qui, dans le cas où le nombre d'hommes entretenus sous les drapeaux excéderait l'effectif normal, pourraient être renvoyés dans leurs foyers.

---

[1] L'Angleterre, les États-Unis, etc. En France, il en était ainsi autrefois pour l'armée active ; la milice ou réserve de l'armée active se recrutait par voie du tirage au sort.

La *conscription*, établie en 1798 et qui dura jusqu'en 1814, permettait de *reprendre* des soldats libérés par le sort ou le temps accompli du service. Tout Français devait être soldat de vingt et un à vingt-cinq ans.

[2] L'*armée active* est destinée, en cas de guerre, à marcher à l'ennemi.

[3] L'*armée territoriale* est appelée, en cas de guerre, à garder les places de l'intérieur et les territoires envahis. Au besoin, elle est envoyée à l'ennemi.

Après un an de service, peuvent être dispensés les jeunes gens considérés comme indispensables à leurs familles, tels que l'aîné des orphelins de père et de mère, le fils unique ou aîné d'une famille de sept enfants, le jeune homme dont le frère aîné est mort au service.

Peuvent également être dispensés, après un an de présence sous les drapeaux, des jeunes gens regardés par la loi comme rendant à la nation des services équivalents à un service militaire plus prolongé. Tels sont les instituteurs publics, les élèves ecclésiastiques, les étudiants poursuivant leurs études en vue d'obtenir certains diplômes ou brevets, les élèves admis dans certaines écoles scientifiques, agronomiques, industrielles ou commerciales.

Toutes ces dispenses ne sont que conditionnelles et cessent d'avoir effet lorsque les dispensés, aux époques fixées par la loi, ne peuvent justifier des diplômes, brevets, grades ou fonctions en vue desquels ces dispenses ont été accordées.

Le bénéfice de ces dispenses cesse également en temps de guerre.

En temps de paix, tous les hommes ayant servi sont tenus de prendre part à des manœuvres ou à des exercices d'une durée de quatre semaines, en deux fois différentes, pour les hommes de la réserve de l'armée active, et de deux semaines, une seule fois, pour les hommes de l'armée territoriale.

Résumé.

1° La force publique comprend l'armée, la marine, la gendarmerie, la police.

2° L'armée et la marine sont surtout destinées à faire respecter le pays par les puissances étrangères.

3° La gendarmerie et la police ont surtout pour mission d'assurer l'ordre et la sécurité à l'intérieur, d'arrêter les malfaiteurs, etc.

4° En France, tout citoyen valide, non légalement dispensé, est soldat de vingt à quarante-cinq ans, soit dans l'armée active, soit dans l'armée territoriale.

5° Le tiers des soldats, en temps de paix, ne passent qu'un an sous les drapeaux.

6° Sont dispensés du service militaire, ceux qui sont considérés comme rendant à la nation des services équivalents dans d'autres positions.

7° La police a pour but le maintien de l'ordre public.

XXI. — ORGANISATION DE L'ARMÉE

Des corps d'armée. — Au point de vue militaire, la France est divisée en 19 régions ayant chacune un corps d'armée. Un 20° corps est organisé en Algérie.

Chacun de ces corps d'armée comprend deux divisions d'infanterie, une brigade de cavalerie, une brigade d'artillerie, un bataillon du génie, un escadron du train. A la tête de chaque corps d'armée est un général de division, avec le titre de commandant de corps. Le service des subsistances, du campement et des hôpitaux est fait par l'intendance.

Une *division* comprend deux *brigades;* une brigade se compose d'au moins deux régiments; le régiment comprend ordinairement quatre *bataillons* (dans l'infanterie), ou deux *escadrons* (dans la cavalerie). Le *bataillon* se divise en *compagnies;* dans l'artillerie, les *compagnies* sont désignées sous le nom *de batteries.*

L'armée compte 163 régiments d'infanterie, 30 bataillons de *chasseurs à pied,* 4 régiments de *zouaves,* 7 régiments de *tirailleurs algériens* et des compagnies de *chasseurs forestiers.*

La cavalerie se compose de 13 régiments de *cuirassiers,* de 31 régiments de *dragons,* de 21 régiments de *chasseurs,* de 14 régiments de *hussards,* de 6 régiments de *chasseurs d'Afrique,* de 5 régiments de *spahis.*

L'artillerie se compose, d'après la loi du 24 juillet 1884 : de 40 régiments à 12 et 11 batteries ; de 16 bataillons d'artillerie à pied de 6 batteries ; de 10 compagnies d'*ouvriers d'artillerie* et 3 compagnies d'*artificiers.*

Le génie, spécialement chargé de la construction, de la défense et de l'attaque des places fortes, comprend 7 régiments.

Les équipages militaires se composent de 20 escadrons du *train* à 3 compagnies, plus 12 compagnies mixtes en Algérie[1].

[1] TABLEAU présentant l'effectif de l'armée active en 1897.

	OFFICIERS	TROUPES
États-major.	3 773	821
Écoles militaires	397	2 807
Personnel hors cadres	2 352	471
Infanterie	12 967	352 247
Troupes d'administration	»	15 809
Cavalerie.	3 937	73 669
Artillerie	3 947	77 952
Génie	473	12 807
Train des équipages	412	10 926
Gendarmerie et Garde républicaine . . .	40	26 121
Total	29 000	573 720

Chaque régiment a un drapeau, qui est l'emblème et l'image de la patrie. Perdre son drapeau, c'est subir une grave atteinte dans son honneur. Prendre à l'ennemi un drapeau, c'est un titre de gloire. Lorsqu'un régiment prend un drapeau ennemi sur un champ de bataille, son propre drapeau est décoré de la croix de la Légion d'honneur.

Hiérarchie militaire. — Les grades sont, dans l'ordre hiérarchique, les suivants : caporal (brigadier dans la cavalerie et l'artillerie), sergent (maréchal des logis dans la cavalerie et l'artillerie), sergent-major (maréchal des logis chef dans la cavalerie et l'artillerie), sous-lieutenant, lieutenant, capitaine (qui commande une compagnie), commandant (chef de bataillon ou d'escadron), lieutenant-colonel, colonel (qui commande un régiment), général de brigade, général de division.

On désigne sous le nom d'*officiers supérieurs* ceux qui sont pourvus des grades de *commandant* et au-dessus ; les officiers supérieurs, à partir du général de brigade, sont appelés *officiers généraux*.

La gendarmerie (de gens d'armes) est spécialement chargée de maintenir l'ordre dans le pays. Les gendarmes visitent plusieurs fois par mois les communes du canton, et font attester leur passage par un certificat du maire. Ils sont chargés d'arrêter les malfaiteurs, de les livrer aux tribunaux, dont ils font exécuter les sentences. Elle est divisée en légions, compagnies et brigades.

Écoles militaires. — Pour préparer à l'armée de bons cadres, c'est-à-dire des sous-officiers et des officiers instruits, l'État a créé un certain nombre d'écoles : 1º l'école des pupilles de l'armée, à Rambouillet ; on y fait l'éducation des enfants de troupes ; 2º le prytanée militaire de la Flèche ; on y reçoit des enfants encore jeunes auxquels on donne une éducation qui les prépare à l'école de Saint-Cyr ; 3º l'école de Saint-Maixent, pour former des officiers ; 4º l'école militaire de Saint-Cyr, qui prépare des sous-lieutenants pour l'infanterie et la cavalerie ; 5º l'école polytechnique, d'où les élèves sortent sous-lieutenants et passent à l'école d'application de l'artillerie et du génie de Fontainebleau ; 6º l'école spéciale de Saumur qui est l'école d'application de la cavalerie ; 7º enfin l'école supérieure de guerre, où viennent étudier la stratégie les capitaines qui réussissent à s'y faire admettre après examen.

Les dépenses annuelles du ministère de la guerre ont été de 622 551 397 francs en 1897.

Marine. Forces navales. — La marine française comprend un effectif de 2 329 officiers et de 39 336 hommes.

Indépendamment de la marine de l'État, on peut compter, en cas de nécessité sur les *inscrits maritimes*, que l'État a le droit de requérir en temps de paix comme en temps de guerre, jusqu'à ce qu'ils aient atteint l'âge de quarante ans.

Ils sont dispensés du service dans l'armée.

Sont *inscrits* dans les bureaux de la marine tous les jeunes gens de dix-huit ans et plus, qui, ayant fait deux voyages au long cours, ou servi pendant deux ans en qualité d'apprentis marins, etc., veulent faire de la navigation ou de la pêche leur profession.

Le nombre des marins inscrits est d'environ 170 000. Lorsqu'ils sont requis pour le service de l'État, ils reçoivent une solde au moins égale à celle qu'ils avaient dans l'industrie privée.

Les officiers généraux, dans la marine, sont les amiraux, les vice-amiraux et les contre-amiraux, dont les grades correspondent respectivement à ceux de maréchal de France, de général de division et de général de brigade ; viennent ensuite les capitaines de vaisseau, grade équivalant à celui de colonel, les capitaines de frégate, les lieutenants de vaisseau, les enseignes et les aspirants de première et de seconde classe [1].

Nous avons cinq préfectures maritimes : Cherbourg, Brest, Lorient, Rochefort, Toulon, commandées chacune par un vice-amiral ou un contre-amiral.

Une école navale, établie dans la rade de Brest, sur le *vaisseau-école*, prépare les officiers de marine pour la flotte de l'État.

[1] PUISSANCE maritime des principaux États (1er janvier 1898).

	Officiers	Marins	Cuirassés	Non cuirassés	Torpilleurs
Allemagne . . .	993	20 615	33	53	137
Angleterre . . .	3 019	60 155	82	292	165
Autriche	705	11 987	15	32	62
Espagne	1 345	14 000	11	120	29
États-Unis . . .	1 218	12 000	28	56	19
France.	2 329	39 336	56	122	223
Italie	1 058	23 500	20	49	125
Japon	698	9 421	12	37	42
Russie.	1 542	38 000	53	56	165

Notre marine marchande se compose d'environ 15 598 navires de toutes grandeurs, jaugeant plus de 887 078 tonneaux et occupant 91 732 hommes.

Dépenses de la marine en 1897 : 258 167 273 francs..

Résumé.

1° L'armée comprend dix-huit corps d'armée pour la France continentale, et un corps d'armée pour l'Algérie.

2° Un corps comprend plusieurs divisions ; une division, plusieurs brigades ; une brigade, plusieurs régiments.

3° On distingue l'infanterie, la cavalerie, l'artillerie, le génie.

4° Les grades, dans l'armée, sont les suivants : maréchal, général de division, général de brigade, colonel, lieutenant-colonel, commandant, capitaine, lieutenant, sous-lieutenant, sergent, caporal.

5° La gendarmerie est chargée d'arrêter les malfaiteurs et d'exécuter les mandats de justice.

Les écoles militaires sont : l'école des pupilles de Rambouillet, le prytanée de la Flèche, l'école de Saint-Maixent, l'école de Saint-Cyr, l'école polytechnique, l'école d'application et l'école supérieure de guerre.

6° La marine défend les ports et les côtes. Elle comprend : l'infanterie de marine, l'artillerie, le génie, les inscrits maritimes et les hommes de la flotte.

XXII. — AFFAIRES ÉTRANGÈRES, TRAVAUX PUBLICS, AGRICULTURE, COMMERCE

Affaires étrangères. — Le ministre des *affaires étrangères* a dans ses attributions les relations avec les diverses puissances de l'univers.

Il est en rapport, à Paris, avec les ambassadeurs et autres représentants des nations étrangères, et il communique avec le gouvernement de ces nations par l'intermédiaire des ambassadeurs ou représentants de la France.

La hiérarchie est ainsi établie parmi les membres du corps diplomatique : ambassadeurs [1], ministres plénipotentiaires, ministres résidents, chargés d'affaires, consuls généraux, consuls, vice-consuls.

[1] Voici le traitement que reçoivent quelques-uns des ambassadeurs de la France à l'étranger : Saint-Pétersbourg, 250 000 francs ; Londres, 200 000 ; Vienne, 170 000 ; Berlin, 140 000 ; Constantinople, 130 000 ; Madrid, 120 000 ; Rome, 110 000 ; Berne, 60 000.

Les ministres plénipotentiaires reçoivent les traitements suivants : Pékin, 85 000 francs ; Yédo, Washington, Rio-de-Janeiro, 80 000 ; Buenos-Ayres, 70 000 ; Athènes, Bruxelles, La Haye, Lisbonne, Téhéran, 60 000 ; Buckarest, Copenhague, Lima, Munich, Santiago (Chili), Stockholm, 50 000.

Le corps diplomatique jouit de grandes prérogatives. Tout outrage à l'un de ses agents est regardé comme fait à la puissance qu'il représente. Les palais ou hôtels habités par les agents diplomatiques sont considérés comme un prolongement du territoire national. Ainsi dans le palais de notre ambassadeur à Londres, on est en France, et le gouvernement anglais ne pourrait y faire arrêter un individu qui y serait sous la protection de l'ambassadeur.

Travaux publics. — Du ministre des travaux publics dépendent deux corps d'ingénieurs : les *ingénieurs des mines* et les *ingénieurs des ponts et chaussées*.

Les uns et les autres ont généralement dû passer par l'école polytechnique, et ensuite par l'école des mines ou celle des ponts et chaussées. Les premiers sont employés dans les mines, le plus souvent pour le compte des particuliers ou des compagnies.

Les *ingénieurs* des ponts et chaussées construisent les chemins de fer, les routes, les canaux et les ports de mer. Un corps de *conducteurs* des ponts et chaussées leur est adjoint pour les détails de la construction et de l'entretien des voies de communication. Les conducteurs ont au-dessous d'eux des agents désignés sous le nom de *piqueurs* et de *cantonniers*.

Parallèlement au corps des ponts et chaussées, a été constitué celui des *agents voyers* pour le service des chemins vicinaux. Les agents voyers forment un corps départemental, sous l'autorité du préfet.

Agriculture. — Le ministre de l'agriculture veille aux intérêts généraux de l'agriculture. Il organise les *concours agricoles*, les *concours régionaux*, les *expositions*. De lui dépendent l'institut agronomique (Paris); les fermes-écoles de Grignon, de Grand-Jouan (Loire-Inférieure), et de Montpellier ; les écoles vétérinaires d'Alfort, de Lyon et de Toulouse.

Il est également chargé de l'*administration des forêts de l'État*[1]. Les fonctionnaires de cette administration sont : un directeur général, des inspecteurs et des sous-inspecteurs, des gardes généraux. Ils se préparent à exercer leur profession en suivant les cours de l'*école forestière de Nancy*. Ils ont sous leurs ordres des gardes forestiers.

---

[1] Les revenus des forêts de l'État, en 1897, ont été de 28 514 020 francs.

Commerce[1]. — Le ministre du commerce prépare les traités de commerce, organise les expositions des produits de l'industrie, etc. Il a dans ses attributions le Conservatoire des arts et métiers (Paris), et les écoles d'arts et métiers (Aix, Angers, Châlons). Il dresse les statistiques du commerce extérieur de la France, et prend des mesures pour favoriser les exportations.

Résumé.

1° Du ministre des affaires étrangères dépendent tous les représentants de la France auprès des puissances : ambassadeurs, ministres plénipotentiaires, chargés d'affaires, consuls généraux, consuls.

2° C'est par ces agents que le gouvernement français communique avec les autres gouvernements.

3° Le ministre des travaux publics a sous ses ordres les ingénieurs des ponts et chaussées et les ingénieurs des mines.

4° Il fait exécuter les travaux de chemins de fer, de routes, de canaux, de creusement des ports de commerce, etc.

5° Des ingénieurs des ponts et chaussées dépendent les *conducteurs*, les *agents secondaires* ou *piqueurs* et les *cantonniers*.

6° Le ministre de l'agriculture encourage l'agriculture par des primes et des prix, dans les comices agricoles, les concours régionaux, les expositions agricoles.

7° Le ministre du commerce prépare les traités de commerce, les expositions des produits de l'industrie. De lui dépendent les écoles d'arts et métiers et le conservatoire des arts et métiers.

[1] TABLEAU *du commerce général de la France à diverses époques.*

ANNÉES	IMPORTATIONS	EXPORTATIONS	DIFFÉRENCE EN FAVEUR DE	
			IMPORTATIONS	EXPORTATIONS
1830	638 000 000	593 000 000	45 000 000	» »
1817	1 193 000 000	1 147 000 000	41 000 000	» »
1849	719 521 169	877 585 387	» »	158 064 218
1859	1 587 030 204	2 095 583 180	» »	508 552 976
1869	3 068 636 208	2 985 000 000	83 636 208	» »
1875	3 368 763 595	3 629 487 000	» »	260 723 891
1878	5 006 993 000	3 559 360 000	1 446 633 000	» »
1881	4 863 400 000	3 561 500 000	1 301 000 000	» »
1885	4 088 400 000	3 088 100 000	1 003 000 000	» »
1889	4 316 800 000	3 701 000 000	612 800 000	» »
1891	3 850 400 000	3 078 100 000	772 300 000	» »
1896	3 837 147 000	3 404 643 000	432 504 000	» »

XXIII. — BUDGET, DETTE PUBLIQUE, IMPÔT

Budget. — Le budget de l'État est le tableau par prévision des recettes et dépenses d'une année. Le compte est le chiffre exact des sommes réellement obtenues, pour les recettes et consommées, pour les dépenses.

Le ministre des finances dresse le budget et le compte; les Chambres fixent le *maximum* des dépenses et se bornent à évaluer le produit des recettes; elles règlent, définitivement, le compte annuel des dépenses et recettes, après les vérifications convenables.

En fait, le Parlement adopte souvent les douzièmes provisoires, faute de pouvoir voter le budget en temps utile. Les douzièmes provisoires sont ainsi appelés parce qu'ils représentent, pour chaque nature d'imposition, la douzième partie de la taxe totale votée l'année précédente. Chaque douzième correspond ainsi à un mois de perception calculée d'après cette base.

On dit qu'un budget est en *équilibre* quand les chiffres de recettes et dépenses sont égaux; au contraire, si les recettes dépassent l'importance des dépenses, le budget se solde en *excédent;* si l'inverse a lieu, le budget se trouve en *déficit*[1].

Dette publique. — Quand l'État doit faire face à des dépenses extraordinaires, il emprunte les sommes qui lui sont nécessaires, et qu'il ne demande pas à l'impôt. Les

[1] Nous donnons ici les chiffres de quelques-uns des budgets de la France. Nous nous bornons à indiquer les dépenses :

En 1814, 524 415 000 francs; en 1859, 1 766 080 877; en 1863, 1 721 581 077; en 1870, 1 750 882 748 (dépenses prévues; elles ont été dépassées considérablement); en 1872, 2 331 759 208; en 1876, 2 570 505 513.

Le budget de 1882 prévoyait une dépense de 2 851 000 000; celui de 1883, 3 030 000 000. Il faut ajouter à ces dépenses du budget ordinaire, celles dites sur ressources extraordinaires, estimées, en 1880, à 613 678 488; ce qui portait le budget de cette année à 3 435 952 167 francs; sans compter les budgets départementaux et communaux, évalués à plus de 500 millions, ce qui fait un impôt total d'au moins 4 milliards.

La loi de finances du 29 mars 1897 a fixé sur les bases suivantes les recettes et les dépenses du budget de 1897 : Recettes 3 885 705 145 francs; dépenses 3 885 867 484 francs. Pendant la même année, la dépense aux États-Unis a été de 448 092 485 francs; en Allemagne de 1 030 258 169 francs; en Italie, 1 712 571 460 francs. Il est bon de remarquer toutefois que dans les pays avec système fédératif, le budget ne présente pas la totalité des dépenses.

engagements que contracte l'État constituent la *dette publique*, qui se subdivise en trois catégories : dette *exigible*, c'est-à-dire payable actuellement; dette *à terme* ou *flottante*, quand les délais du remboursement ont été convenus; dette *inscrite* ou *constituée*, quand l'État se borne à payer la rente, d'après un taux prévu de revenu annuel.

Un quatrième type mixte a été créé, en 1878 : la dette *amortissable*, qui doit se rembourser au moyen de tirages annuels répétés pendant une longue période.

Les particuliers qui possèdent des rentes inscrites sur le *Grand-Livre*[1] de la dette publique, peuvent les transmettre, en les vendant à l'une des Bourses qui existent dans diverses villes de France.

La *Caisse d'Amortissement*, placée sous la surveillance et la garantie de l'autorité législative, a pour objet l'amortissement de la dette publique au moyen d'achats de rentes immatriculées en son nom.

On appelle *conversion* de la dette inscrite l'émission, par l'État, d'un nouveau type de rente substitué à un autre, qui comportait le service d'intérêts plus élevés. Ainsi, on a remplacé la rente 5 0/0 par la rente 4,5 0/0, laquelle a été convertie à son tour en 3,5. Les porteurs de titres ont la faculté d'exiger le remboursement *au pair*, c'est-à-dire le capital que le Trésor se trouve censé avoir reçu, ou bien de conserver leurs rentes avec un intérêt amoindri.

Impôt. — La religion moralise les individus, l'armée les protège, l'école les instruit, les tribunaux punissent les malfaiteurs et assurent à chacun la jouissance de ses droits ; les ingénieurs construisent les canaux, les routes, les ports, etc.; les fonctionnaires de tout ordre veillent à l'accomplissement des lois, travaillent au bien-être de tous.

Mais cela ne se fait pas sans que l'on dépense des sommes considérables, que l'État n'a pas entre les mains. Qui les lui

---

[1] Après la vente des biens de l'Église, de ceux des émigrés, et la création d'environ 15 000 000 000 d'assignats, la dette publique s'élevait à 2 800 000 000. C'est alors qu'une loi du 30 mars 1797 décida que le tiers seulement du capital de la dette serait inscrit, sous le nom de *tiers consolidé*, et c'est de là que date le *Grand-Livre de la dette inscrite.*

La rente inscrite était alors de 46 500 000 francs. En 1814, elle était de 63 307 637 ; en 1830, de 199 417 208 ; en 1818, de 211 287 208 ; en 1852, de 239 304 527; le 1er Janvier 1869, de 317 931 769 ; le 1er Janvier 1879, de 746 586 367 ; le 1er Janvier 1881, de 789 910 282; le 1er Janvier 1898, de 699 680 835.

Il y a en outre la rente de 141 140 643 de 3 % amortissable.

fournira ? C'est, en France, un principe traditionnel consacré de nouveau, en 1789, que chacun doit participer suivant ses *facultés* aux charges publiques et être assujetti à l'impôt ou prélèvement sur l'avoir de chacun.

Cela est juste, puisque celui qui a plus de biens jouit d'une protection plus étendue; cela est indispensable, car le pauvre ne parviendrait jamais à solder sa part si toutes les charges étaient absolument égales.

C'est sur ce principe qu'est basée la légitimité de l'impôt et son égale répartition entre tous les citoyens en proportion de leurs biens[1]. Tous les citoyens, ayant les mêmes droits, ont les mêmes devoirs. Égaux devant la loi, ils sont égaux devant l'impôt.

Diverses formes de l'impôt. — Les dépenses plus ou moins considérables mais nécessaires pour assurer l'indépendance du pays, la protection des biens et, en général l'exécution des lois, sont censées faites au profit de tout le monde ou de certaines catégories d'intéressés.

Dans le premier cas, on prélève des dépenses sur l'ensemble des ressources, sans distinction d'origine; dans le second cas, les dépenses *spéciales* sont couvertes par des tributs ou redevances qui ne frappent que les individus se trouvant dans une situation définie par la loi. On distingue l'*impôt direct* et l'*impôt indirect*.

On appelle impôt *direct* celui qui se perçoit sur la valeur présumée de la jouissance d'un bien. Il comprend l'*impôt foncier*, que payent les propriétaires des immeubles : maisons, champs, vignes, forêts. Cet impôt est proportionnel à la valeur de l'immeuble, ou mieux à son revenu probable. L'*impôt mobilier*, qui est proportionné à la valeur du loyer de l'appartement qu'on occupe; l'*impôt des portes et fenêtres*, pour lequel on paye une somme déterminée pour chaque

---

[1] On ne saurait hésiter sur cette question de l'impôt, qu'il faut considérer comme une dette ordinaire. Jésus-Christ, interrogé en ces termes par les émissaires des pharisiens : « Est-il permis de payer le tribut à César (les Juifs ne voulaient pas reconnaître César comme souverain légitime)? » répondit, après s'être fait montrer une pièce de monnaie : « Rendez donc à César ce qui est à César, et à Dieu ce qui est à Dieu. » (S. Matthieu, XXII, 21.) Une autre fois, les percepteurs d'impôts dirent à Pierre : « Votre maître paye-t-il le didrachme (demi-sicle, valant environ 1 franc)? — Il le paye. » Et Jésus dit à Pierre : « Va à la mer, et jette l'hameçon; et le premier poisson qui y montera, tire-le; puis, ouvrant sa bouche, tu y trouveras un statère (un sicle, environ 2 francs); prends-le et donne-le pour toi et pour moi. » (S. Matthieu, XVII, 24-26.)

porte et chaque fenêtre des appartements que l'on habite ; l'*impôt personnel*, qui est payé par tout individu majeur ; il varie de 0 fr. 50 à 1 fr. 50 ; enfin l'*impôt des patentes*, qui est payé par tous ceux qui exercent une profession industrielle, commerciale ou libérale.

On appelle impôt *indirect* celui qui est assis sur la consommation des objets : vin, bière, sucre, eau-de-vie, etc.

Il y a aussi des droits d'*enregistrement* qui sont des impôts mixtes, en ce sens qu'ils atteignent tantôt le revenu, tantôt le capital, tantôt la jouissance, tantôt la *disposition* ou *transmission* d'un bien. Il convient de mentionner également les droits de timbre, qui comprennent les *droits fixes* ou de dimension, calculés suivant la dimension du papier employé et la nature des actes qui y sont écrits, puis les *droits proportionnels*, calculés suivant l'importance de l'acte rédigé sur papier timbré et des sommes qui y sont énoncées.

Il existe encore quelques autres taxes : taxes sur les chiens, les voitures, les chevaux, les vélocipèdes, les billards, etc.

Les revenus de la *douane*, qui fait payer, à leur entrée en France, les objets importés de l'étranger, de la poste, des télégraphes, des patentes, du timbre, forment des chapitres à part dans le budget annuel.

Les recettes de l'*octroi* sont un impôt particulier établi au profit des communes de 4000 habitants et au-dessus.

Aucun impôt ne peut être établi que par une loi.

Résumé.

1° Le budget est le tableau par prévision des recettes et des dépenses de l'État pour une année.

2° Quand les recettes égalent les dépenses, le budget est en *équilibre ;* quand elles les dépassent, il y a *excédent ;* quand elles ne les atteignent pas, il y a *déficit.*

3° La dette publique est l'ensemble de ce que l'État doit aux particuliers. La *dette inscrite* est écrite non en capital, mais en *rentes* dans le Grand-Livre de la dette ; la dette flottante est celle qui doit se solder dans les délais convenus ; l'État est censé devoir en rembourser le capital.

4° L'État a converti la rente 5 % en rente 4 ½, 4, 3 ½, 3 % ; c'est-à-dire qu'à ceux qui touchaient 5 francs de rente, il ne donne plus que 4 fr. 50 ou 4 francs, etc.

5° L'impôt comprend les sommes que l'État prélève sur les revenus des citoyens, pour subvenir à toutes les charges du budget.

6° On distingue : 1° l'*impôt direct*, qui comprend : l'*impôt foncier*, l'*impôt mobilier*, l'*impôt des portes et fenêtres* et les *patentes* ; 2° l'*impôt indirect*, qui frappe les objets de consommation. En apparence, c'est le producteur, vigneron, brasseur, distillateur, etc., qui paye cet impôt ; en réalité, c'est le consommateur, car, sans l'impôt que paye le producteur, celui-ci livrerait ses produits à meilleur compte.

7° L'octroi est un impôt payé à l'entrée des villes, et à leur profit, pour certains objets de consommation qu'on y introduit.

XXIV. — FINANCES

Les diverses administrations suivantes sont particulièrement chargées de recouvrer l'impôt :

1° **Administration des contributions directes.** — Elle a un directeur général au ministère, un trésorier-payeur général dans chaque département, un receveur particulier dans chaque arrondissement, et des percepteurs qui recouvrent les impôts dans un certain nombre de communes. Ils versent les sommes perçues à la caisse du receveur particulier, qui, à son tour, fait ses versements dans la caisse du trésorier-payeur général [1], et celui-ci dans celle du ministère des finances.

Les droits du Trésor sont garantis par un privilège spécial qui porte, savoir : 1° pour la contribution foncière de l'année échue et de l'année courante, sur les récoltes, fruits, loyers et revenus des biens immeubles sujets à la contribution ; 2° pour l'année échue et l'année courante des autres contributions directes, sur tous les meubles et autres effets mobiliers appartenant au redevable, en quelque lieu qu'ils se trouvent.

En 1897, les contributions directes ont donné 514693375 fr.

2° **Administration de l'enregistrement, du timbre et des domaines.** — Tout acte portant transmission de propriété ou d'usufruit de biens meubles ou immeubles, soit entre vifs, soit par décès doit être enregistré. Cette formalité a un double objet : d'abord un service *public* dans l'intérêt des contractants, des tiers, de la société en général, car elle assure l'existence des actes translatifs de propriété et ensuite une constitution d'*impôt* dans l'intérêt de l'État.

L'administration de l'enregistrement vend le papier timbré, enregistre les contrats de vente et d'échange, et perçoit un droit proportionnel à la somme qui représente la valeur des immeubles vendus ou échangés ; elle perçoit les revenus des propriétés de l'État.

[1] Il est bon de remarquer que les percepteurs, les receveurs particuliers et les trésoriers-payeurs généraux effectuent des payements pour les divers services dans les communes et les départements ; ils ne versent donc dans les caisses centrales que leurs excédents.

Les recettes de cette administration pour le budget de 1897 étaient évaluées à 771 257 570 francs.

3° **Administration des contributions indirectes**[1]. — Cette administration perçoit les impôts de consommation, c'est-à-dire ceux qui frappent les denrées et les produits fabriqués : le vin, l'alcool, la bière, le sucre. Les recettes des contributions indirectes pour 1897 étaient évaluées à 2 497 403 325 francs.

4° **Administration des douanes.** — La douane est une administration chargée de percevoir les droits que payent les marchandises à l'entrée ou à la sortie du territoire. L'objet de la douane est de protéger l'industrie et l'agriculture du pays contre la concurrence étrangère. C'est en 1791 que la douane a été organisée à peu près comme elle l'est encore aujourd'hui.

A la tête de ce grand service est un directeur général des douanes, assisté de quatre inspecteurs généraux. Les frontières sont divisées en sections, à la tête desquelles sont des directeurs, ayant sous leurs ordres des inspecteurs et des sous-inspecteurs chargés de surveiller les services des receveurs, des contrôleurs, des vérificateurs et des commis.

Outre ce service administratif, les douanes ont un service actif ou de brigades. Les préposés des douanes sont chargés d'empêcher la fraude et la contrebande ; ils forment une ligne continue de postes à la frontière. Leur service, par rapport aux contrebandiers, a une certaine analogie avec celui des gendarmes par rapport aux malfaiteurs. Ils sont sous les ordres de lieutenants et de capitaines. Les recettes pour les douanes et l'impôt sur le sel étaient évaluées, en 1897, à 409 640 880 francs.

Les frais de perception des divers impôts se montent annuellement à la somme d'environ 100 000 000 de francs.

Administration des tabacs. — L'administration des tabacs surveille la culture, la récolte du tabac et la préparation qui lui est donnée dans les manufactures de l'Etat, lesquelles seules ont le droit de livrer cette denrée au public.

La culture du tabac n'est permise que dans certains départements déterminés ; les produits doivent être ou vendus à la Régie ou exportés. L'importation des tabacs étrangers est prohibée à moins qu'elle ne soit faite pour le compte de l'administration.

[1] Les contributions indirectes avaient été en grande partie supprimées en 1790 ; elles furent rétablies en 1804, parce que cette suppression faisait porter une trop grande part des charges publiques sur l'agriculture.

En France, l'administration vend du tabac chaque année pour près d'un milliard, ce qui a laissé au profit de l'État, en 1897, un bénéfice de 381 075 000 de francs.

Postes, télégraphes et téléphones. — Ce service public constitue un monopole pour l'État qui y trouve un revenu considérable, lequel s'est élevé, en 1897, à une somme de 237 903 524 francs. Les fonctionnaires qu'ils emploient sont les directeurs généraux, les inspecteurs, les directeurs départementaux, les receveurs et les commis. Dans les bureaux peu importants, des femmes sont chargées du service.

Cour des comptes. — Afin de s'assurer que les deniers publics sont employés selon la loi, l'État soumet les comptes des diverses administrations publiques à l'examen de la *Cour des comptes* [1]. Magistrature inamovible, la Cour des comptes prend rang immédiatement après la Cour de cassation. Elle vérifie si les comptes généraux présentés par les ministres concordent avec les comptes individuels des comptables des revenus publics. La décision qu'elle rend à ce sujet, chaque année, s'appelle *arrêt de conformité*.

Dans un rapport annuel présenté au chef de l'État, la Cour des comptes exprime des vues de réforme et d'amélioration dans les différentes branches de la comptabilité publique.

Résumé.

1° L'administration des contributions directes est sous l'autorité d'un directeur général ; ses fonctionnaires sont les *trésoriers-payeurs généraux*, les *receveurs particuliers*, les *percepteurs*. Des *inspecteurs généraux* et des *contrôleurs* surveillent tous les services.

2° L'administration de l'enregistrement et du timbre vend le papier timbré, enregistre les contrats de vente et d'échange, etc.

3° L'administration des contributions indirectes perçoit les impositions sur les objets de consommation : vins, bière, eaux-de-vie, sucres, sel, etc.

4° L'administration des douanes perçoit les droits d'entrée des marchandises importées de l'étranger. Les préposés des douanes surveillent la frontière et arrêtent les individus qui font la contrebande.

5° L'administration des tabacs surveille la plantation, la culture et la récolte du tabac, et le prépare pour le commerce.

6° Les postes et télégraphes transmettent les correspondances, les télégrammes, les colis postaux, les journaux, imprimés et échantillons.

7° La *Cour des comptes* vérifie les écritures des comptables de l'État, et exige la justification des dépenses faites par les divers services publics.

[1] La Cour des comptes de Paris a été établie en 1310 ; il en fut successivement créé d'autres dans les différentes provinces. Les lois des 7 septembre 1790 et 4 juillet 1791 les supprimèrent. L'empereur établit une seule *Cour des comptes* pour toute la France, le 16 septembre 1807.

XXV. — DEVOIRS CIVIQUES

Devoirs des citoyens. — Il n'est peut-être pas inutile de présenter en un tableau rapide le résumé des enseignements qui précèdent, ou mieux des devoirs qui en sont la conséquence. En tête de ces devoirs, nous plaçons l'obligation d'*observer les lois;* viennent ensuite le devoir *fiscal*, le devoir *militaire*, le devoir *électoral* et le devoir *scolaire*.

Respect de la loi. — La loi est-elle respectée, la tranquillité règne, les esprits sont calmes, le commerce a la sécurité nécessaire, chacun jouit de ses droits, est libre d'accomplir ses devoirs. Toute violation de la loi est une atteinte à l'ordre, et, par conséquent, à la sécurité et à la prospérité de la nation. L'intérêt général bien compris exige donc que l'on observe fidèlement les lois. L'intérêt particulier des individus ne le demande pas moins. Les infractions aux lois sont punies par les tribunaux. Alors, quels embarras pour le coupable ! quelle honte, quelles pertes, au point de vue pécuniaire ! Mais il y a plus : en supposant que l'on puisse échapper à la justice humaine, on reste toujours redevable de la justice de Dieu, qui a donné aux chefs des peuples le pouvoir d'obliger les consciences par de justes lois.

Devoir fiscal. — Le devoir fiscal consiste dans l'obligation de payer l'impôt. Cette obligation est fondée sur la nécessité où se trouve l'État de pourvoir aux divers services publics, tous établis pour le bien, la sécurité et la prospérité de la nation. Se dérober à ce devoir, c'est soustraire à l'État des ressources sur lesquelles la loi lui donne des droits, et c'est commettre une injustice envers ses concitoyens ; car l'argent que l'on refuse de verser est nécessaire au Trésor, et s'il ne peut le recouvrer, on devra augmenter les charges de ceux qui payent régulièrement. La conscience s'unit donc encore ici à l'amour du pays pour sanctionner cette obligation.

Devoir militaire. — La nation a besoin de défenseurs ; elle fait appel à ses enfants, et, afin que les charges du service militaire ne soient pas trop lourdes pour chaque individu, elle appelle tout le monde à les porter. Elle accorde ordinairement des dispenses à certaines catégories de citoyens qui rendent à l'Etat des services équivalents à ceux que lui rend l'armée. L'armée française n'a pas toujours été victorieuse, mais elle s'est toujours montrée vaillante. On n'a pas à craindre qu'elle perde les brillantes qualités qui l'ont rendue si redoutable, aussi longtemps que, dans la nation, le sentiment du devoir et de l'honneur sera soutenu par la pratique des vertus chrétiennes et viriles, qui sont la plus belle part de l'héritage laissé par nos pères.

Devoir électoral. — Les intérêts des communes, des départements, de la nation tout entière, sont entre les mains des élus de la nation, qui siègent dans les conseils municipaux, dans les conseils généraux, dans le parlement. Pour veiller efficacement sur ces intérêts, chaque électeur doit se rendre compte de la fidélité de ses mandataires à remplir la mission qui leur est confiée. S'ils émettent des votes qui compromettent les finances du pays, ou sa sécurité, ou la prospérité de son agriculture, de son commerce, de son industrie ; s'ils ébranlent la propriété, la famille, la religion, qui sont les bases sur lesquelles s'appuie la société, il n'y a pas à hésiter : il ne faut plus voter pour eux, mais toujours donner son suffrage à des personnes ou plus consciencieuses ou plus éclairées.

Devoir scolaire. — Les parents doivent veiller à l'éducation de leurs enfants, et les enfants doivent profiter des moyens d'éducation mis à leur disposition. Faire l'éducation de quelqu'un, c'est favoriser son développement physique, intellectuel et moral ; en d'autres termes, c'est faire de lui un homme complet. S'il n'a que le développement physique et moral, il fera un honnête ouvrier, mais n'ira pas plus haut ; s'il n'a que le développement intellectuel et moral, il ne pourra longtemps faire bénéficier la société de ses talents et de ses vertus ; s'il n'a que le développement physique et intellectuel, il aura d'autant plus de force pour le mal qu'il saura mieux combiner ses projets, et sera plus vigoureux pour les exécuter. Donc le plus grand tort qu'on puisse faire à un individu et à la société, c'est de négliger le côté moral de l'éducation, c'est-à-dire de soustraire la jeunesse à l'influence salutaire de la religion.

Résumé.

Les citoyens ont pour devoir : 1° d'observer les lois ;

2° De payer les impôts ;

3° De servir dans l'armée ;

4° De voter selon leur conscience ;

5° De favoriser l'éducation de la jeunesse.

NOTIONS ÉLÉMENTAIRES DE DROIT PRATIQUE

I. — L'ÉTAT CIVIL ET MOYENS DE LE CONSTATER

État civil. — L'*état civil* d'un individu établit sa situation légale dans la société, fait connaître la date et le lieu de sa naissance, ses père et mère, ses nom et prénoms; il indique s'il est célibataire, marié ou veuf; enfin il constate son décès.

Actes de l'état civil. — Les actes de l'état civil sont des documents inscrits dans des registres publics, tenus en double à la mairie de chaque commune; l'un de ces *doubles* est remis, à la fin de chaque année, au greffe du tribunal de l'arrondissement.

Les principaux de ces actes sont : l'*acte de naissance*, l'*acte de mariage* et l'*acte de décès*. De même que les actes authentiques, ils font foi par eux-mêmes.

La rédaction de ces actes doit être faite avec beaucoup de soin, car ils servent à garantir les intérêts les plus graves des particuliers[1].

Plusieurs personnes concourent à la confection des actes de l'état civil : le maire de la commune (ou ses adjoints), qui est désigné, pour cette fonction, sous le titre d'*officier de l'état civil*, les parties, les déclarants[2] et les témoins.

On peut toujours obtenir des copies des actes de l'état civil, désignées sous le titre d'*Extraits des registres de l'état civil*, sur papier timbré du prix de 1 fr. 80. Dans quelques cas très rares, on les obtient sur papier libre.

Acte de naissance. — La déclaration de naissance doit être faite dans les trois jours, par le père ou par la personne chez qui l'enfant est né, ou par le médecin, etc.

L'acte de naissance est signé par deux témoins, par le déclarant et par l'officier de l'état civil. Il indique le jour, l'heure, le lieu de la naissance, les prénoms de l'enfant, les

[1] A Paris, les actes de l'état civil ayant été brûlés par la Commune, en 1871, ont pu être reconstitués, pour les catholiques, grâce aux registres tenus par les soins des curés dans les paroisses.

[2] Les *parties* sont les personnes que l'acte concerne; les *déclarants*, sont ceux qui viennent faire connaître les faits à l'officier de l'état civil.

noms, prénoms, profession et domicile de ses parents et des témoins.

Acte de mariage. — Le *mariage civil* est célébré publiquement, en présence de l'officier de l'état civil, à la mairie de la commune de l'un des deux époux, en présence de leurs parents ou ascendants, dont le consentement est requis, et de quatre témoins majeurs.

Depuis la Révolution, il a été déclaré que la loi civile ne considérait dans le mariage qu'un *contrat privé*, qui pouvait être rompu par le consentement des parties; de là des formes et des effets étrangers aux croyances religieuses.

Le mariage civil ne lie donc que devant la loi civile les personnes qui l'ont contracté; mais les chrétiens ne se considèrent pas comme mariés et ne le sont pas, en effet, aux yeux de Dieu, tant qu'ils n'ont pas reçu le sacrement de mariage.

En conséquence, l'Écriture ayant dit : *Vous ne séparerez pas ce que Dieu a uni*, le mariage reste indissoluble jusqu'à la mort de l'un des conjoints, pour les catholiques.

La loi et la religion admettent que, dans certains cas, les époux aient une habitation séparée et se placent sous le régime de la *séparation de corps*.

Lors de la célébration du mariage, le maire remet gratuitement à l'époux un petit livret, appelé *livret de famille*, et destiné à enregistrer plus tard tous les événements, naissances, décès, etc., intéressant les membres de la nouvelle famille. Ce livre doit être gardé soigneusement et tenu au courant, car il peut permettre de suppléer à la perte des actes de l'état civil, si elle venait à se produire.

Acte de décès. — L'acte de décès est dressé sur la déclaration de deux témoins, parents ou voisins du défunt. Il énonce les nom, prénoms, profession, domicile de la personne décédée, et les renseignements que peuvent fournir les témoins sur ses parents et sur son état civil. Le décès doit être constaté par un médecin ou par l'officier de l'état civil. L'inhumation ne peut avoir lieu que vingt-quatre heures après cette constatation.

Résumé.

1° L'état civil d'une personne fait connaître son âge, son nom, le lieu de sa naissance, indique s'il est célibataire, marié ou veuf, et, à sa mort, constate son décès;

2° On constate l'état civil au moyen d'actes appelés actes de l'état civil, qui sont : *l'acte de naissance, l'acte de mariage, l'acte de décès.*

3° Ces actes sont reçus et passés par les soins et sous l'autorité du maire, *officier* de l'état civil ;

4° On peut obtenir copie des actes de l'état civil sur papier timbré ;

5° Le *mariage civil*, célébré à la mairie, lie, aux yeux de la loi civile seulement, les personnes qui l'ont contracté ; elles ne sont mariées, aux yeux de Dieu, qu'après avoir reçu le sacrement de mariage.

II. — PROTECTION DES MINEURS

Mineur. — On désigne sous le nom de *mineur*[1] tout individu qui n'a pas encore atteint l'âge fixé par la loi et qui, en conséquence, n'est pas considéré comme ayant la maturité voulue pour gérer certaines affaires. La nature ne marquant pas également dans chaque individu l'époque où la raison est suffisamment développée, la loi a dû poser cette règle générale. Ceux qui ont atteint cet âge légal sont dits *majeurs*[2].

La loi française fixe la majorité à 21 ans pour l'exercice de la plupart des droits civils et politiques ; mais elle admet plusieurs exceptions : ainsi, pour le mariage, on peut considérer en quelque sorte trois degrés de majorité.

La loi reconnaît aptes à se marier les hommes à 18 ans, et les femmes à 15 ans ; mais elle exige le consentement des parents ; à 25 ans pour l'homme et à 21 ans pour la femme, le consentement des parents doit encore être demandé par trois actes respectueux accomplis successivement avec au moins un mois d'intervalle ; si les parents persistent dans leur refus, le mariage peut avoir lieu malgré leur opposition ; après 30 ans, un seul acte respectueux suffit.

Il résulte de ces dispositions : 1° qu'il y a divers degrés dans la jouissance des droits du *majeur* ; et 2° que la loi n'admet pas qu'à aucune époque de sa vie l'enfant se considère comme complètement soustrait à l'action de ses parents, auxquels il doit toujours le respect, la déférence et, dans une certaine mesure, la soumission[3].

De même, pour l'exercice des droits politiques, on est électeur à 21 ans ; mais on n'est éligible qu'à 25 ans, et, pour le sénat, la majorité requise est à 40 ans.

En principe, le mineur ne peut faire aucun contrat. Cependant, s'il venait à entrer en quelque arrangement avec

[1] *Mineur*, du latin *minor*, moindre.

[2] *Majeur*, du latin *major*, plus grand.

[3] Voici du reste le texte de l'article 371 du code civil : L'enfant, à tout âge, doit honneur et respect à ses père et mère.

une personne majeure, cette dernière ne pourrait se prévaloir de la *minorité* de son contractant pour faire annuler
l'acte, et le contrat serait maintenu s'il favorisait les intérêts du mineur. Dans le cas, au contraire, où ses intérêts
seraient lésés, le tuteur pendant la durée de la tutelle, et
le mineur, dans le délai de dix ans à partir de sa majorité,
ont la faculté de demander la *rescission* ou annulation du
contrat.

Protection des mineurs, conseil de famille. — Mais si
le mineur ne peut faire aucun acte de gestion de ses biens,
il faut qué quelqu'un y pourvoie; la loi veut qu'aussitôt
après la mort d'une personne qui laisse des enfants mineurs,
on réunisse un *conseil de famille*, pour la nomination d'un
tuteur et d'un *subrogé-tuteur*.

Le *conseil de famille*[1] est une assemblée composée du
juge de paix du canton, président, qui a voix prépondérante[2], et de six membres pris généralement parmi les
parents du mineur, trois du côté paternel et trois du côté
maternel.

Le *conseil de famille* nomme le *tuteur* et le *subrogé-tuteur;* il est consulté toutes les fois qu'il y a lieu de faire ou
consentir au nom du mineur un acte qui engage ses biens.
Les délibérations, dans ces circonstances, doivent être
homologuées (approuvées) par le tribunal civil compétent.

Tuteur. — Le *tuteur* est pris parmi les plus proches parents du mineur. Le survivant des père et mère est tuteur
de droit; mais le conseil de famille pourrait récuser[3] le
tuteur de droit s'il avait des raisons graves de redouter sa
gestion[4]. Au défaut du père ou de la mère, la tutelle revient
à l'ascendant le plus proche; s'il n'y avait pas d'ascendant,
on confierait la tutelle au plus proche parent dans l'une des
lignes collatérales.

La personne désignée pour gérer une tutelle ne peut s'y
refuser, à moins qu'elle ne puisse invoquer des raisons
graves, telles que : l'exercice de certaines fonctions pü-

---

[1] Organisé par le *Code civil.*

[2] *Voix prépondérante.* On dit qu'un président d'assemblée à voix prépondérante quand, le nombre des voix étant égal des deux côtés, on donne
gain de cause à l'opinion pour laquelle le président s'est prononcé. —
Prépondérant signifie *qui a plus de poids.*

[3] *Récuser,* refuser de lui confier la tutelle.

[4] *Gestion,* l'administration des biens et le soin des intérêts du mineur.

bliques, l'âge (65 ans), les infirmités, l'éloignement[1], etc.

Le tuteur doit : 1° prendre soin de la personne du mineur, c'est-à-dire pourvoir à ses besoins, veiller sur sa conduite, lui faire donner une éducation en rapport avec la situation qu'il est vraisemblablement appelé à occuper dans la société; 2° administrer ses biens en bon père de famille, agir en son nom dans les contrats, procès, etc.

Lorsque le mineur atteint sa majorité, il lui est rendu compte par son tuteur de la gestion de ses biens.

Subrogé-tuteur. — On nomme, en même temps que le tuteur, un *subrogé-tuteur*[2], dont la mission consiste à surveiller l'administration du tuteur et à le remplacer dans les actes où les intérêts de ce dernier seraient en opposition avec ceux du mineur. En cas de décès du tuteur, il convoque le conseil de famille pour procéder à la nomination d'un nouveau tuteur.

Après avoir assuré la protection des mineurs privés de leurs parents, la loi (24 juillet 1889) a organisé celle des mineurs ayant encore leurs parents, mais maltraités et moralement abandonnés par eux. Les parents coupables de ces mauvais traitements ou de cet abandon sont déclarés déchus de la puissance paternelle, et les enfants sont soumis à une tutelle particulière.

Émancipation. — L'émancipation est l'acte par lequel un mineur qui est sous la puissance paternelle ou sous l'autorité d'un tuteur, en est affranchi. Elle est *tacite* quand elle s'opère de plein droit par le seul fait du mariage du mineur ; *expresse*, lorsqu'elle a lieu par la volonté des parents ou par délibération du conseil de famille. A quinze ans, un mineur peut être émancipé par ses parents; il devient capable de faire plusieurs actes de la vie civile. L'orphelin ne peut être émancipé qu'à dix-huit ans. Le mineur émancipé ne peut cependant aliéner ses biens, quoiqu'il puisse les administrer et en toucher les revenus.

Utilité de ces prescriptions. — Toutes ces précautions prescrites par la loi ont pour effet, comme on le voit, de protéger le faible, l'ignorant, l'inexpérimenté. Elles sont inspirées par un très équitable sentiment.

Dans le cas où un individu majeur viendrait à se montrer

---

[1] On peut refuser quand on demeure à plus de deux myriamètres du domicile du mineur.

[2] *Subrogé*, qui est substitué à quelqu'un. Le subrogé-tuteur est substitué parfois au tuteur.

prodigue, on le pourvoirait d'un conseil appelé *conseil judiciaire*, pour le placer dans la condition du mineur émancipé; s'il perdait la raison, la loi permet de le déclarer *interdit*, et on le mettrait en tutelle comme les mineurs, parce que, malgré son âge, il serait tout aussi incapable qu'un enfant de gérer ses affaires.

Résumé.

1° On appelle *mineurs* les individus âgés de moins de 21 ans. Au delà de cet âge on est majeur ;

2° Les mineurs ne peuvent faire aucun contrat qui les oblige envers un tiers ;

3° Les intérêts des mineurs sont gérés par un *tuteur*, sous le contrôle du *Conseil de famille;*

4° On assimile aux mineurs les prodigues et ceux dont la raison est faible ; on leur donne un tuteur pour gérer leurs biens et les mettre à l'abri des conséquences qu'entraînerait leur incapacité.

III. — LA PROPRIÉTÉ. — LES SUCCESSIONS

La propriété. — Par propriété, on entend tout ce qui peut être possédé en propre. L'air, la mer, les nuages, la lumière des astres, ne sont pas des propriétés.

Les propriétés prennent souvent le nom de *biens*. On distingue les *biens meubles*, qui se transportent facilement d'une place à une autre, comme l'argent, les vêtements, tout ce qui constitue le mobilier ; et les *biens immeubles*, qui ne peuvent être déplacés ou qui ne le sont que difficilement. Parmi les immeubles, citons les champs, les vignes, les maisons, les récoltes, tant qu'elles tiennent au sol, etc.

Fondement du droit de propriété. — Il est si naturel de considérer comme sa propriété la terre que l'on a défrichée et qui n'appartenait à personne, les récoltes qu'on y a fait venir, les objets qu'on a fabriqués, le poisson qu'on a pêché, le gibier qu'on a tué, tout bien, en un mot, qu'on a produit ou recueilli, et sur lequel nul autre n'avait un droit antérieur, qu'il y a lieu de s'étonner que des personnes jouissant de la plénitude de leur raison, mettent en doute la légitimité du droit de propriété.

Dieu, en créant l'homme, lui a assuré en même temps les moyens de vivre : nous en avons le témoignage dans le premier chapitre de la Bible, qui raconte l'histoire de la création. Tout être humain a droit à l'existence, la terre a été donnée par Dieu aux hommes pour que l'existence de tous fût assurée. C'est en exploitant ou en faisant fructifier par leur travail les ressources naturelles fournies par Dieu, que les hommes doivent vivre : « Tu gagneras ton pain à la sueur de ton front, » a dit Dieu lui-même. Or il faut que cette exploitation des biens de la terre soit organisée, qu'elle soit soumise à un certain ordre, soustraite à cet état d'anarchie, de chaos, qui empêcherait les hommes de travailler avec efficacité et sécurité : de là la nécessité d'une répartition de la propriété des choses créées. La propriété peut être *collective*, c'est-à-dire appartenir à des groupements, par exemple à des communes (biens communaux) ou à des ordres religieux (biens de main-morte), ou à des associations ouvrières : l'église, avec beaucoup de sagesse, avait toujours favorisé un certain développement de la propriété collective. La propriété plus souvent est individuelle, et le droit de propriété individuelle est un des plus puissants stimulants du travail, si favorable à la moralité, à l'étude et à la pratique des vertus sociales.

Comment on acquiert le droit de propriété individuelle. — Quand une chose n'appartient à personne, on peut l'acquérir par la simple prise de possession. C'est ce qu'on appelle le *droit de premier occupant*. On acquiert ainsi la propriété des animaux sauvages, des terres dans une contrée inhabitée. — Les choses que l'on produit soi-même constituent une propriété : un livre est la propriété de celui qui l'a écrit. Quant aux choses qui appartiennent déjà à quelqu'un, on les acquiert soit par héritage, soit par donation entre vifs, soit par un contrat d'achat, d'échange, etc. Toutes ces manières d'acquérir la propriété sont parfaitement légitimes.

Les successions. — Par succession [1], on entend les biens laissés en mourant par une personne quelconque, biens que recueillent d'autres personnes, qui lui succèdent, et que l'on appelle ses héritiers.

Les héritiers sont tout indiqués par la nature : les parents transmettent à leurs enfants les biens qu'ils ont eux-mêmes reçus en héritage et ceux qu'ils y ont ajoutés par leur travail, leur industrie, et les autres moyens légitimes d'acquérir. Mais il se peut que la personne dont la succession

---

[1] *Succession*, du latin *succedere*, venir après. Il signifie, ici, héritage, biens laissés en mourant aux *successeurs*.

est ouverte ne laisse pas d'enfants; ses biens, dans ce cas, sont recueillis par ses parents dans des conditions déterminées. Nous allons essayer, par quelques exemples, de donner une idée des conditions de partage des successions quand la personne décédée n'a pas fait de testament.

Partage de la succession d'une personne morte *ab intestat*[1]. — Paul est mort à 65 ans; il avait eu trois enfants : Gabriel, Auguste et Marie. Cette dernière est morte, mais en laissant deux enfants : Louis et Thérèse. Il s'agit de faire le partage de la succession qui vaut 24 000 francs.

On partagera cette somme de 24 000 francs en trois parties égales, que l'on attribuera à chacun des enfants de Paul comme s'ils vivaient tous les trois. Les 8 000 francs qui auraient été la part de Marie seront accordés à ses enfants, lesquels viennent à la succession en *représentation* de leur mère; chacun d'eux aura 4 000 francs.

Supposons que Paul n'eût pas laissé d'enfants ni de descendants, mais qu'il eût eu encore son père et sa mère seulement. Chacun de ces derniers aurait hérité de la moitié de son bien, soit 12 000 francs.

Supposons qu'il eût laissé son père, sa mère, et des frères et sœurs; le père et la mère auraient eu la moitié à se partager, et les frères et sœurs l'autre moitié.

Si le père ou la mère seulement survivait, le quart lui serait attribué, et les frères et sœurs auraient les trois quarts.

A défaut de descendants ou d'ascendants, la succession passe aux *collatéraux* : frères, sœurs, oncles, cousins. S'il n'y avait pas de parents pour recueillir la succession, l'État se l'attribuerait.

Le code civil n'admettait le conjoint survivant à succéder à son conjoint prédécédé qu'autant que celui-ci ne laissait aucun parent au degré successible. La loi (9 mars 1891), corrigeant ce qu'elle considérait comme une injustice, ouvre au profit du conjoint survivant un droit successoral en usufruit dont l'importance varie suivant la qualité des autres héritiers avec lesquels il se trouve en concours.

Nous nous bornerons à ces indications, qui permettent de se faire une idée des principes qui ont présidé à la rédaction de cette partie du code civil. Nous ne songeons pas à traiter la question à fond, nous bornant à recommander aux intéressés de s'adresser aux hommes d'affaires : notaires,

---

[1] Sans faire de testament.

juges de paix , etc. lorsqu'ils veulent être bien renseignés
sur la nature et l'étendue de leurs droits. C'est le moyen
d'éviter des querelles toujours dommageables, et qui em-
pruntent aux circonstances d'où elles naissent quelque chose
de particulièrement odieux.

Partage forcé. -- Tout héritier peut exiger la vente
des biens d'une succession à laquelle il a quelque droit.
C'est ce qu'on appelle le *partage forcé*. S'il y a des mineurs,
la vente ne peut être effectuée qu'après ordonnance de justice. Il en résulte parfois des conséquences bien étranges.

Prenons un exemple : Un bien d'une valeur de 900 francs
fut ainsi vendu. L'adjudication ne produisit que 725 francs,
les ventes forcées étant généralement peu productives. Il
fallut payer :

Frais prélevés par le *fisc* et autres occa- sionnés par la vente.	643	78
Frais de maladie du père et de deuil.	42	»»
Droits de mutation	8	85
Total.	694	63

Il restait aux héritiers 30 francs, sur un bien de
900 francs[1]. Pour prévenir les discussions qu'entraîne souvent le partage entre cohéritiers et aussi pour éviter, dans
certains cas, les lenteurs et les frais d'un partage judiciaire,
la loi permet aux père et mère ou autres ascendants de faire
eux-mêmes le partage de leurs biens entre leurs enfants ou
descendants. Une loi du 21 juin 1875 a même abaissé les
droits de transcription et d'enregistrement de ces partages
anticipés.

Des testaments. — On appelle *testament* l'acte par
lequel une personne dispose de tout ou partie de ses biens
pour le temps où elle n'existera plus. Toute personne
majeure peut disposer de ses biens par *testament*[2], si elle
ne laisse pas de descendants. Le mineur âgé de 16 ans peut
disposer de la moitié de ce qui lui appartient.

. Ceux qui laissent des descendants ne peuvent disposer
que de la moitié de leurs biens, quand il n'y a qu'un enfant;
du tiers, quand il y en a deux, et du quart quand il y en

[1] Le Play, *Réforme sociale.*
[2] *Testament*, du latin *testamentum.*

trois ou plus. Cette portion dont les parents ont la libre disposition s'appelle la *quotité disponible* [1].

Le législateur, en laissant une *quotité disponible*, montre assez qu'il ne reconnaît pas aux enfants le droit absolu au partage égal des biens de leurs parents. Et, en effet, supposé que Pierre ait trois enfants : Louis, Jeanne et Alexandre. En mourant, Pierre laisse une fortune de 50,000 fr.; mais il a disposé de la quotité disponible en faveur de Louis, auquel, par testament il a donné 12,500 frans. Il restera 37,500 fr. à partager entre trois, et chacun aura 12,500 fr.; de sorte que Louis, qui a déjà bénéficié du testament, aura reçu en réalité 25,000 fr., ou la moitié de l'héritage paternel, ce que la loi reconnaît parfaitement légitime. Il n'y a là aucune injustice, car les parents, quelque riches qu'ils soient, ne doivent pas à leurs enfants la fortune, mais seulement l'éducation et des moyens d'existence [2], suivant leur condition. Le législateur peut donc, s'il reconnaît que les intérêts de la société ou de la famille l'exigent, laisser aux parents une plus grande latitude pour la disposition de leurs biens par testament.

Le testament peut être *olographe*, c'est-à-dire écrit de la main du testateur, *public*, c'est-à-dire écrit par un notaire, assisté de quatre témoins, ou par deux notaires assistés de deux témoins, *mystique*, c'est-à-dire secret parce qu'il est présenté clos et scellé à un notaire qui dresse un procès-verbal de dépôt.

Droit d'aînesse. — Le droit de tester ne ressemble en rien au droit d'aînesse. Le premier est exercé par les parents et en faveur de telle personne de leur choix; le second était établi en faveur du fils aîné des familles nobles.

Dans presque tous les pays : en Égypte, en Judée, en Grèce, en Germanie, l'aîné avait quelque privilège dans le partage de la succession des parents. Il ne semble pas que cet usage ait été établi parmi les Francs, car nous voyons que même le royaume était partagé, à la mort du souverain, entre ses fils au lieu de passer à l'aîné, comme cela eut lieu plus tard. La France a été ainsi morcelée à diverses reprises sous les rois de la première et de la deuxième race. Mais, à la mort de Hugues Capet (1031), son fils aîné, qu'il avait fait sacrer de son vivant, monta seul sur

---

[1] Voir page 14.
[2] Voir page 13.

le trône, et concéda comme *apanage*[1] à son frère Robert le duché de Bourgogne ; ainsi Robert était *duc* et non *roi*, *vassal* et non *souverain*.

Quand le régime féodal se développa, chaque vassal, obligé de fournir des redevances et des troupes à son suzerain pour sa défense, devait avoir des revenus qui lui permissent de remplir ces obligations. C'est pourquoi le suzerain exigea que le domaine principal fût toujours dévolu à l'aîné ou chef de la famille. On le voit, le droit d'aînesse avait sa raison d'être dans les charges féodales qui pesaient sur les vassaux.

L'aîné, outre ce domaine principal, avait droit à une part dans le surplus des biens : cette part variait selon les coutumes locales. Les cadets, réduits à une situation très modeste, étaient dans la nécessité de se créer des revenus en occupant des charges dans l'armée, dans la magistrature, dans l'Église; de la sorte, ils étaient stimulés au travail.

Il faut reconnaître que le droit d'aînesse ne s'appliquait, sauf exception, qu'à la noblesse. Quand la noblesse a cessé de supporter les principales charges de l'État, le droit d'aînesse n'avait plus les mêmes raisons d'être. Aussi a-t-il été aboli sans difficulté dans la nuit du 4 août 1789. On se tromperait pourtant si l'on croyait que le peuple a retiré de cette abolition quelque avantage, puisque cette coutume ne le concernait pas. Le 15 août 1806, Napoléon, en créant une nouvelle noblesse, exigea la formation d'un *majorat* ou domaine privilégié, qui serait attribué à l'aîné des familles nobles, afin de soutenir l'éclat de leur dignité. La loi du 17 décembre 1831, en abolissant l'hérédité de la pairie, a détruit le droit d'aînesse, et, en 1835, le dernier coup fut porté *aux majorats* encore existants. L'hérédité et le droit d'aînesse n'étaient maintenus que pour la succession au trône.

<h3 style="text-align:center">Résumé.</h3>

1º On appelle *propriété* tout ce qui peut être possédé en propre ;

2º On distingue les *biens meubles* et les *biens immeubles* ;

3º Le droit de propriété est universellement reconnu. S'il n'y avait point une répartition, soit collective, soit individuelle des biens de la terre, le travail demeurerait dans un état de désorganisation ; beaucoup de

---

[1] *Apanage* du latin *apanare*, donner du pain. Le terme même employé dès lors justifie ce que nous disons plus haut : on doit aux enfants des *moyens d'existence* selon la condition où l'on se trouve. Le roi, en donnant cet apanage, ne prétendait pas faire autre chose.

ressources naturelles seraient inexploitées ; la société s'en irait vite en dissolution ;

4° On acquiert la propriété individuelle par *héritage*, par le *travail*, par *achat*, par *l'acceptation d'une donation*, et, pour les choses qui n'appartiennent à personne, comme les animaux sauvages, par la simple *prise de possession* ;

5° Les enfants héritent de leurs parents. Si une personne meurt sans enfants, ses parents, ses frères et ses sœurs, et, à leur défaut, ses oncles, ses cousins, recueillent son héritage ;

6° Une personne peut disposer de ses biens par testament. Toutefois ce droit est limité pour ceux qui laissent des enfants ;

7° Autrefois, dans les familles nobles, l'aîné, qui avait à supporter des charges considérables, avait une part bien plus grande que ses frères dans l'héritage paternel.

IV. — LES CONTRATS

Diverses sortes de contrats. — Par *contrat,* on entend une convention entre plusieurs personnes, dont les unes s'engagent envers les autres à faire ou à ne pas faire telle chose déterminée.

On distingue : 1° le *contrat synallagmatique* ou *bilatéral,* par lequel les deux parties s'engagent réciproquement. Ainsi la vente d'un bien est un contrat synallagmatique ; l'un s'engage à livrer le bien qu'il a vendu, l'autre s'oblige à lui en payer la valeur.

2° Le *contrat unilatéral,* par lequel un seul s'engage. Par exemple, Paul s'oblige à donner, dans six mois, la somme de 1 000 fr. à Pierre, qui, de son côté, ne s'engage à rien envers son bienfaiteur.

3° Le *contrat aléatoire* (de *alea*, sort, destin), où l'on court le risque de perdre ou la chance de gagner : prendre un billet de loterie, faire un contrat d'assurance. Dans ce dernier exemple, s'il ne survient pas de sinistre, l'assuré perd les primes qu'il a versées ; s'il en survient, la compagnie perd beaucoup plus qu'elle n'a retiré des primes.

Nous examinerons les principaux contrats à un autre point de vue, en les désignant sous leur dénomination commune : Contrat de *vente*, d'*échange*, de *louage*.

Contrat de vente. — La *vente* est un contrat par lequel l'un s'engage à livrer un objet, l'autre à le payer en monnaie courante.

On ne peut vendre que les choses dont on est vraiment le propriétaire. Le vendeur est tenu de garantir à l'acheteur la possession paisible du bien qu'il lui a cédé.

La vente est parfaite à partir du moment où l'on a convenu du prix, quand même l'objet vendu ne serait pas livré. Si l'acheteur a donné des arrhes, l'un et l'autre peuvent se dédire; l'acheteur en abandonnant ses arrhes, et le vendeur en rendant le double.

La promesse de vente vaut vente.

On distingue la *vente à l'amiable*, qui est l'objet d'une simple entente entre les parties ; la *vente judiciaire*, qui se fait par autorité de justice, soit après *saisie* et *expropriation pour cause de dettes*, soit quand il s'agit de biens appartenant à des mineurs ou autres *i capables*.

Contrat de louage. — Le louage est un contrat par lequel une personne s'engage à faire jouir une autre personne de son travail ou d'un bien, moyennant une rétribution déterminée.

On distingue le *louage des choses :* terres, prairies, vignes, maisons, animaux, et le *louage de services*.

Louage des choses. — Le *louage des choses* comprend *le bail à loyer*, s'il s'agit de maisons ou de meubles ; le *bail à ferme*, s'il s'agit d'une propriété rurale d'exploitation ; le *bail à cheptel*, s'il s'agit d'animaux dont le produit doit être partagé entre le locataire et le propriétaire.

Louage des services. — Le *louage des services* s'entend : 1º du contrat par lequel les ouvriers, les serviteurs et domestiques s'engagent à travailler ou à servir à des conditions déterminées; 2º de celui par lequel les voituriers, les compagnies de chemin de fer ou de navigation s'engagent à faire le service des transports des personnes et des marchandises ; 3º de celui des entrepreneurs qui s'engagent à effectuer des travaux à des conditions convenues.

Contrats d'échange. — Dans l'*échange*, on donne un bien pour en avoir un autre. Ce contrat ne diffère du contrat de vente qu'en ce que, dans ce dernier, on donne de l'argent pour prix d'un objet, tandis que, dans l'échange, le prix de chaque objet livré, c'est l'objet reçu en retour. L'échange a été la première forme de la vente. Avant l'invention de la monnaie, on ne pouvait se procurer autrement les objets dont on avait besoin.

Obligation d'exécuter les contrats. — Tous les contrats importants se font par écrit, afin que les conditions stipulées ne puissent être oubliées, et que les tribunaux, en cas de contestation, puissent se prononcer. Mais ce n'est pas de leur forme *verbale* ou *écrite* que les contrats tirent leur force : ils la tirent de la *justice*, qui impose l'obligation d'exécuter loyalement les conventions que l'on a consenties. Et quand même les tribunaux seraient, dans certains cas, impuissants à procurer l'exécution d'un contrat, un homme consciencieux sait demeurer fidèle à sa parole. Toutefois une réserve s'impose : lorsque la conclusion d'un contrat met en présence deux personnes, dont l'une, puissante et riche, est en mesure d'abuser de l'autre, faible et pauvre; par exemple un patron et un ouvrier, ou bien un vendeur propriétaire d'un objet recherché et un acheteur ayant besoin de cet objet; certains principes d'une justice supérieure exigent que le patron et le vendeur ne spéculent pas sur la misère de l'ouvrier ou sur le besoin de l'acheteur pour leur imposer des conditions trop arbitraires de salaire ou de prix : si le contrat est entaché d'une telle spéculation, il peut demeurer valable au point de vue légal; mais il cesse d'être juste au point de vue de la morale.

Donation. — La *donation* est un contrat à titre gratuit ou onéreux, par lequel une personne abandonne à un tiers une partie de ses biens sans rien exiger en retour, ou en imposant quelquefois une obligation à remplir si l'on accepte la donation. Cette dernière est parfaite par l'acceptation du *donataire*. Si cette acceptation n'avait pas eu lieu du vivant du *donateur*, la donation serait *caduque* et ne produirait pas ses effets.

Résumé.

1° Un *contrat* est une convention entre plusieurs personnes qui s'engagent les unes envers les autres ;

2° On appelle *contrat synallagmatique* ou *bilatéral* celui dans lequel les deux parties prennent des engagements réciproques : la vente, l'échange, etc., sont des contrats synallagmatiques ;

3° On appelle *contrat unilatéral* celui dans lequel une seule personne s'engage : la donation est un contrat unilatéral;

4° Le *contrat aléatoire* est celui où l'on court le hasard d'un gain ou d'une perte : les assurances, les loteries, etc.;

5° La *vente* est un contrat par lequel on s'engage à livrer un objet contre de l'argent;

6° Le *louage* est un contrat par lequel, moyennant une rétribution, on fait jouir une personne d'un bien ou d'un service;

7° L'*échange* est un contrat par lequel on donne un *bien* en échange d'un autre *bien*;

8° La *donation* est un contrat à titre gratuit. On distingue la *donation testamentaire* et la *donation entre vifs*. Celle-ci doit être acceptée par le donataire du vivant du donateur, à peine de nullité.

ENTRETIEN PRÉPARATOIRE A L'ÉTUDE DE L'ÉCONOMIE POLITIQUE

I. — PRÉLIMINAIRES

Ce que l'on entend par économie politique. — L'économie politique n'a pas pour objet d'enseigner comment l'État peut épargner les deniers publics, mais comment, par une bonne administration générale, il parvient à favoriser le développement de la richesse nationale, donner de l'essor aux entreprises productives, augmenter, en un mot, les ressources du pays, ou lui en faire tirer le plus grand profit possible.

On comprend que, pour obtenir ce résultat, il ne faut pas toujours éviter les dépenses, même celles qui ne s'imposent pas comme un besoin dans le présent. On peut, en dépensant à propos, ouvrir au travail, à l'industrie, au commerce, de nouvelles voies, qui, en les faisant prospérer, ramèneront plus tard au trésor les sommes dépensées et même des sommes plus fortes. On peut donc définir l'économie politique, la science morale qui a pour objet l'étude des lois suivant lesquelles, dans l'état social, l'homme produit, répartit, échange et consomme la richesse.

Les éléments de la richesse des nations sont les mêmes que ceux de la richesse des particuliers. C'est la matière première et le travail.

Matière première. — La matière dans le sens que nous lui attribuons ici, c'est tout ce qui est fourni par l'un des des trois règnes de la nature avant tout travail de l'homme. Ainsi les richesses minérales, les productions végétales, les races d'animaux, sont des richesses mises par Dieu à la portée de l'homme; elles diffèrent d'une région à l'autre; les unes varient avec les climats, les autres sont produites ou modifiées par des causes très diverses, qu'il serait peu utile d'indiquer ici. On donne le nom de *matières pre-*

mières à ces produits que met en valeur l'industrie de l'homme [1].

Le travail. — Le travail est nécessaire pour adapter toutes ces ressources à nos besoins. Dieu a mis à notre disposition libéralement tout ce qui nous est nécessaire ; mais il a voulu que, par nos sueurs, nous fissions la conquête de ces biens, dont nos premiers parents, dans l'état d'innocence, jouissaient sans fatigue. Ce n'est pas, on le sait, le travail, mais la peine attachée au travail qui est imposée à l'homme comme châtiment de son péché. Si bien que l'homme sage et laborieux a tout à la fois la satisfaction d'obéir à un besoin et d'augmenter sa valeur morale, puisque les fatigues de son corps, acceptées avec soumission à la volonté divine, purifient son âme.

Mais pour s'encourager davantage encore au travail, il lui suffit de songer que le Fils de Dieu a daigné lui-même s'occuper à des travaux manuels pendant les trente premières années de sa vie. Les apôtres, les solitaires, la plupart des saints que l'Église a canonisés, se sont livrés aux labeurs les plus pénibles et ont honoré le travail, tout en procurant à la société les avantages qui en découlent. De sorte que le travail, loin de déroger à la dignité humaine, honore l'homme, et lui fournit le moyen de grandir en valeur morale, tout en acquérant des biens de l'ordre matériel.

C'est surtout sous ce dernier point de vue que nous avons à l'envisager ici.

La richesse naît du travail.

En effet, vous ne trouvez nulle part, ni au coin des routes, ni sur les arbres des champs, des vêtements tout faits. Le fil et la laine qui servent à les tisser et à les coudre demandent à être enlevés de la plante du chanvre ou tondus sur le dos de la brebis. Le blé que la terre nourrit et que le soleil dore a besoin qu'on lui prépare le creux du sillon, et la semence ne lèverait point sur un sol qu'on n'aurait pas pris la peine de travailler [2].

Mais chacun ne saurait confectionner lui-même tous les objets dont il a besoin. Les hommes se partagent le travail, suivant leurs moyens, leurs aptitudes et leurs intérêts, et il arrive que tous s'emploient au bien-être de chacun.

---

[1] Ainsi pour le métallurgiste, la matière première c'est le minerai ; pour le fabricant de drap, c'est la laine ; pour le tanneur, ce sont les peaux, etc.

[2] *Manuel d'économie politique*, par M. A. Rondelet. Nous nous sommes souvent inspiré de cet excellent ouvrage.

Un homme qui est habile dans l'art de faire des chaussures et qui passe sa vie à en remplir un magasin trouve ainsi le moyen de se procurer, sans plus de souci, tout ce qui peut lui être nécessaire. Il vend des souliers et des bottes : avec le prix qu'il en retire, il achète des habits chez le tailleur, du pain chez le boulanger, une coiffure chez le chapelier. Il échange ainsi le produit de son travail, dans lequel il est passé maître, contre le produit du travail d'autrui.

Les nations échangent entre elles leurs richesses comme les particuliers leur fabrication. L'homme du Nord donne ses fourrures et reçoit les vins du Midi ; le nouveau monde nous envoie son café, son coton, ses bois précieux, et nous lui expédions en retour ces beaux meubles, ces tissus perfectionnés, ces objets de luxe dont l'achèvement et la délicatesse demandent toutes les ressources de la civilisation [1].

Consommation. — On le voit, le travail produit des objets, mais il faut qu'il trouve à les placer, il faut que la *production* soit en rapport avec les besoins de la *consommation* [2]. Si un pays produit plus qu'il ne consomme, et qu'il ne trouve pas le moyen d'exporter ses marchandises, bientôt son industrie est en souffrance. Les capitaux s'accumulent dans les magasins et les entrepôts, où ils demeurent improductifs. Non seulement ils ne sont, sous cette forme et dans cet état, la source d'aucune rémunération, mais ils perdent chaque jour de leur valeur, et cela peut suffire pour causer la ruine des chefs de l'industrie ainsi obérée.

Résumé.

1° *L'économie politique* est la science qui enseigne à faire un emploi utile des biens de la nation, et à favoriser le développement des industries et du commerce ;

2° *La matière* et le *travail* sont les éléments de la richesse des nations comme celle des individus ;

3° Dans l'état d'innocence, l'homme devait travailler, mais le travail ne lui était pas pénible. C'est la peine attachée maintenant au travail, et non le travail lui-même, qui a été imposée comme châtiment du péché ;

4° Jésus-Christ, en travaillant, a honoré et sanctifié le travail ;

5° La richesse naît du travail. Les produits du travail sont échangés contre d'autres objets, et chacun se procure ainsi toutes les choses nécessaires à la vie.

[1] *Manuel d'économie politique,* par M. A. Rondelet.

[2] *Consommation,* en terme d'économie, s'applique à toutes les manières d'*utiliser* les produits. Ainsi on y parle de la *consommation des souliers,* comme de la *consommation des sucres.*

II. — ASSOCIATIONS OUVRIÈRES

Faiblesse de l'homme isolé. Secours qu'il reçoit de la société. — L'homme dépend de ses semblables pour une multitude de choses qui lui sont indispensables. Qu'on examine seulement les objets qui lui servent tous les jours, et l'on verra qu'il les tient presque tous de la société. Ordinairement nous ne faisons pas nous-mêmes nos vêtements : le pain dont nous vivons, le vin qui nous fortifie, la viande qui nous soutient, la maison que nous habitons, les meubles dont nous nous servons; tout cela nous le demandons à la société. Pour bien comprendre le besoin que nous avons d'autrui, nous n'avons qu'à nous supposer tout d'un coup jeté, nouveau Robinson Crusoé, seul dans une île déserte, et obligé de pourvoir par nous-mêmes à tous nos besoins.

Cette dépendance dans laquelle nous sommes à l'égard de la société a toujours porté les hommes, les pauvres et les faibles surtout, à se rapprocher, à s'entr'aider, à mettre en commun leurs efforts. De là sont nées les associations, et notamment les associations ouvrières.

Les anciennes corporations. — Avant la révolution, il y avait dans le commerce et l'industrie, des corporations de métiers qui, à l'origine, avaient pour but, comme les syndicats ouvriers de nos jours, d'établir une défense des intérêts professionnels et un appui mutuel entre les associés. Mais, avec le temps, l'institution dégénéra, par l'égoïsme de ceux à qui elle profitait; le talent n'était plus stimulé, faute de concurrence, et des sujets méritants étaient empêchés d'exercer l'état qu'ils avaient appris.

La monarchie, elle-même, restreignit progressivement l'étendue et la puissance des corporations. Louis XI et Henri IV accordèrent à des artisans étrangers des *brevets*, pour établir en France des manufactures de produits non encore fabriqués dans notre pays. Colbert donna un grand développement aux manufactures, qui se répandirent dans toutes les provinces et y fournirent, jusqu'au milieu des campagnes, des moyens d'existence aux habitants, hommes, femmes et enfants, pour des travaux faciles qui n'empêchaient pas la culture du sol.

Au xviii° siècle (1729), le contraste entre l'élan d'activité des manufactures et les habitudes routinières, gênantes, des professions corporatives, fit concevoir l'idée de restreindre, le plus possible, les métiers constitués en *jurandes*, qu'on ne pouvait exercer qu'avec des lettres de *maîtrise*, obtenues après un *chef-d'œuvre*, souvent illusoire. On décida donc de réputer *libres* tous les genres de commerce et d'industrie pour lesquels ne seraient pas produits des lettres patentes du roi, constitutives de jurandes, avec privilèges exclusifs. Toutes les communautés qui manquaient de ces titres s'en virent refuser, et, à partir de 1767, le gouvernement étudia les moyens de simplifier et faciliter les conditions d'accès dans les arts et métiers, en qualité de patron. La réforme projetée allait être accomplie, lorsque Turgot fit signer à Louis XVI, en 1776, un édit déclarant absolument libre la pratique des professions, dans le commerce et l'industrie, avec défense absolue de toute espèce d'association, même libre.

Ce système dura seulement quelques mois; un nouvel édit d'août 1776 rétablit le principe des communautés marchandes et industrielles, mais en reconnaissant toute liberté pour les métiers non compris dans la nomenclature nouvelle, ou bien qui s'exerceraient hors des villes indiquées comme étant le siège d'associations.

L'Assemblée constituante revint aux idées de Turgot, qui étaient celles des économistes appelés *physiocrates*, et disciples de Quesnay. Des restrictions assez nombreuses furent néanmoins introduites peu à peu, dans l'intérêt de la sûreté, de la santé publique, du fisc, etc.

Colbert avait maintenu et affermi les *règlements industriels*, qui prescrivaient notamment pour les étoffes de se conformer à des usages fixes concernant le choix des matières et teintures, les longueurs et largeurs des pièces. Turgot maintint ces règlements, qui furent abolis, par la loi du 2 mars 1791, votée par l'Assemblée constituante[1].

On est revenu à des idées plus saines, et diverses lois ont permis aux ouvriers de mettre en commun leur intelligence, leur habileté et leurs épargnes.

Le mouvement syndical. — Une des formes les plus fécondes de l'association est celle que la loi a autorisée et réglementée sous le nom de *syndicats professionnels*, et qui permet de grouper ensemble tous les citoyens exerçant soit la même profession, soit des métiers similaires, soit

---

[1] *Régime de la grande industrie aux XVIIe et XVIIIe siècles*, par Alfred des Cilleuls.

des professions connexes tendant à la fabrication d'un produit déterminé. Tels sont, pour citer un exemple, l'ouvrier qui fabrique le boîtier d'une montre, celui qui en fait le mouvement, celui qui ajuste le mouvement dans la boîte, etc. etc. Les syndicats, qui peuvent comprendre des ouvriers et des patrons, fonder des caisses de retraite ou des sociétés de secours mutuels, délibérer sur tous les intérêts de la profession et en prendre la défense, offrent des avantages très sensibles à tous les travailleurs dans le commerce, dans l'industrie ou dans l'agriculture. (Loi du 21 mars 1884.)

Les ouvriers d'une même industrie ont des intérêts communs; ils ont certains désirs relatifs à leur salaire, à la durée de la journée de travail, aux conditions hygiéniques de l'usine ou de la mine, etc. Les patrons d'une même industrie ont aussi des intérêts communs. Enfin, sur un certain nombre de terrains, le patron et les ouvriers ont des intérêts analogues, déterminés par le besoin qu'ils ont l'un et l'autre de développer la prospérité de l'industrie qui les fait vivre. C'est dans les syndicats que l'on constate la communauté des intérêts, et que l'on donne une forme collective à l'ensemble des aspirations individuelles. Le syndicat ouvrier groupe les ouvriers, le syndicat patronal groupe les patrons. Des délégués de ces deux syndicats, réunis ensemble, pourraient former une sorte de conseil supérieur de l'industrie; et ce conseil, au sein de la profession, préviendrait les conflits, réglerait les difficultés, assurerait aux ouvriers comme aux patrons un moyen libre et légal de faire entendre leur voix, et, sous l'égide de la justice, maintiendrait l'harmonie pour le bien commun. Tel est l'état de choses auquel on peut progressivement arriver, en suivant les tendances dont la loi de 1884 est le point de départ. Pendant trop longtemps, les ouvriers n'eurent qu'un seul moyen de traduire leur solidarité et d'exprimer leurs prétentions : c'était la grève. La grève est leur droit, mais où ils le dépassent, c'est en empêchant de se rendre au travail leurs camarades qui n'ont pas les mêmes idées, ou qui ne peuvent se passer du salaire de la journée. Qu'arrive-t-il souvent? Ils perdent leurs journées, puis ils sont remplacés dans les usines et réduits à chercher de l'ouvrage ailleurs, après avoir langui et souffert physiquement et moralement; tandis que les meneurs, de leur côté, peuvent faire quelque figure dans un congrès socialiste, mais, pour la plupart, ont une réputation et une existence peu dignes d'envie. Les ouvriers, d'ailleurs, seraient moins tentés de recourir à des moyens violents, et les meneurs révolutionnaires seraient plus à court d'arguments, si le *mouvement syndical*, qui doit, en dernière analyse, donner aux ouvriers une représentation et à leurs vœux une expression légale, était soutenu et guidé par les sympathies et les conseils de tous les honnêtes gens.

Résumé.

1° L'homme isolé serait privé de beaucoup de choses. La société les lui procure ;

2° Avant la révolution, les ouvriers étaient groupés en corporations. A la tête de chaque corporation se trouvaient les *maîtres* ou *jurés* ;

3° Ceux qui voulaient arriver à la maîtrise étaient d'abord *apprentis*, puis *compagnons* ; ensuite ils faisaient leur *chef-d'œuvre*, pièce de travail d'après laquelle les *maîtres* jugeaient de leur capacité ;

4° Des règlements fort gênants étaient imposés aux différents métiers ; ils prescrivaient la matière, la forme, la couleur, etc., des objets à fabriquer ;

5° En 1775, le roi Louis XVI fit un édit pour donner plus de liberté à l'industrie et au travail ; le 2 mars 1791, les *maîtrises* furent abolies et l'on défendit aux ouvriers de former des corporations ou des associations ;

6° Une des formes les plus fécondes de l'association est celle des *syndicats professionnels* que la loi de 1884 a autorisés;

7° Les grèves qu'organisent parfois les ouvriers leur sont presque toujours funestes. Il serait souhaitable qu'ils trouvassent, dans les développements du mouvement syndical, d'autres moyens pour augmenter leur salaire et leur améliorer leur condition.

III. — CONSÉQUENCES DE L'ASSOCIATION

Facilités pour le travail. — En s'associant, les ouvriers peuvent entreprendre ce que, isolés, ils seraient condamnés à délaisser. Que deux ouvriers réunissent leurs économies, ils pourront acheter une machine qu'aucun des deux n'aurait pu se procurer ; supposons qu'ils veuillent faire marcher un certain nombre de métiers avec cette seule machine, ils y réussiront. Ainsi ils augmenteront les bénéfices et ils diminueront les dépenses, grâce à leur association. Ils feront à deux ce qu'ils n'auraient jamais pu entreprendre s'ils étaient restés isolés.

Produits meilleurs et moins chers par la division du travail. — Diviser le travail, c'est ne donner à chaque ouvrier qu'une opération à faire. Il y a des ouvriers pour cultiver la terre, d'autre pour moudre le blé, et d'autres encore pour transformer la farine en pâte et faire cuire le pain. Chacune de ces opérations est faite par un ouvrier différent, qui acquiert beaucoup d'habileté dans sa spécialité. Il en est ainsi dans toutes les industries.

J'ai vu, dit Adam Smith[1], une petite manufacture qui employait dix ouvriers seulement. Ils faisaient entre eux au delà de 48 milliers d'épingles dans une journée. A ce compte, chaque ouvrier peut être considéré comme faisant 4800 épingles par jour ; mais s'ils avaient travaillé à part et indépendamment les uns des autres, chacun d'eux assurément n'eût pas fait 20 épingles.

Ainsi, en se réunissant ou s'associant, ils se divisent la besogne, gagnent davantage et peuvent livrer à meilleur compte les produits de leur industrie, produits d'ailleurs préférables à ceux que l'on obtiendrait par le travail isolé.

Diminution de la fatigue musculaire grâce aux machines. — L'emploi des machines facilite le travail des ouvriers et diminue les efforts musculaires qu'on a à leur demander. Il est indéniable que, dans chaque industrie, l'introduction des machines a généralement produit une crise qui, quelque temps durant, privait de tout travail un certain nombre d'ouvriers et les contraignait à changer d'occupation ; mais ces crises n'ont eu qu'un temps, et ce n'est pas à la multiplication des machines, mais aux principes et aux conditions de tout le régime économique, qu'il faut attribuer les chômages, qui continuent aussi fréquemment et aussi durement que par le passé à faire souffrir la classe laborieuse.

En 1769, l'Angleterre employait à la fabrication des étoffes 7 900 personnes ; on inventa la filature mécanique, et, en 1787, elle en employait 352 000 ; en 1833, 487 000. Or, afin de mettre ces personnes en mesure de travailler, il avait fallu employer tous les corps de métiers pour construire des bâtiments et des métiers ; une armée d'employés de commerce achetaient les matières premières, transportaient et vendaient les étoffes. Comment faire le compte des personnes auxquelles les machines à filer ont donné de l'occupation, sans parler des avantages que le public en a retirés, puisqu'il a pu se procurer à plus bas prix des vêtements plus beaux et meilleurs ?

Résumé.

1° Les ouvriers, en s'associant, peuvent, malgré la modicité de leurs ressources individuelles, devenir patrons en mettant en commun leurs modestes épargnes ;

[1] Adam Smith, économiste écossais (1725-1790). Il publia en 1776 son grand ouvrage : *Recherches sur la nature et les causes de la richesse des nations.*

2° Quand les ouvriers s'associent ou se groupent, ils se divisent le travail : chacun s'occupe d'une opération particulière, devient plus habile dans sa spécialité et économise le temps ;

3° Les machines qui sont bien plus employées qu'autrefois diminuent les fatigues des ouvriers ;

4° Elles augmentent la production ;

5° Elles ne sont pas la cause de la plupart des chômages actuels.

IV. — L'ÉPARGNE ET LE CAPITAL

L'épargne. — Si tel homme qui fait des souliers et les vend pour acheter du pain, des vêtements, etc., consomme ainsi tout le produit de son travail, il ne fait aucune épargne; s'il ne dépense qu'une partie de l'argent qu'il tire de son industrie, il *épargne* la différence entre sa recette et sa dépense.

Faut-il chercher à épargner ? Quelques considérations très simples vont nous aider à répondre.

La jeunesse est capable de supporter bien des privations sans fléchir, et presque sans s'en apercevoir. Elle se sent pleine d'un courage à toute épreuve et d'une inépuisable vigueur. A mesure que l'âge marche vers son déclin et que le corps se sent atteint par les premières infirmités de la vieillesse, les besoins deviennent plus pressants en même temps que les forces languissent, jusqu'au moment où la maladie et la décrépitude demandent à consommer sans produire [1].

Que deviendra alors l'infortuné qui n'aura rien épargné ?

L'homme qui, jeune, énergique, vigoureux, dépense tout ce qu'il gagne, ne dépense pas, comme il peut se l'imaginer, le fruit de son labeur quotidien, mais il dévore sa propre substance. Si vous voulez me permettre l'expression, *il se consomme lui-même.*

Le rôle de l'homme ne se borne donc point à fournir au corps sa ration de chaque jour, son devoir est de regarder tout à la fois plus haut et plus loin. — Son travail doit avoir pour but, non pas la satisfaction de ses besoins dans la mesure et au moment où ils se produisent, mais la constitution d'un *capital* qui lui permette de vivre et de se suffire à lui-même, en santé et en maladie, dans la jeunesse et lorsque l'âge l'aura mis dans l'impossibilité de travailler [2].

Donc l'homme sage fait deux parts de ses bénéfices : il emploie l'une à la satisfaction de ses besoins dans le présent, et l'autre à se constituer des ressources pour l'avenir.

[1] A. Rondelet.
[2] A. Rondelet.

Le capital. — Ces ressources, *épargnées* sur le présent pour l'avenir, constituent ce que nous avons appelé le *capital*. Ce mot ici prend une extension plus large que celle qu'on lui donne habituellement. Il s'applique non seulement à l'argent, mais à toute propriété qui peut donner des produits ou des bénéfices : les biens-fonds, les provisions, les outils et les machines, la matière première que l'on tient à sa disposition, etc.[1]

Une nation n'est pas riche en raison de la quantité des produits qu'elle réunit, mais en raison de la perfection des moyens de production qu'elle s'assure.

On demeure confondu lorsqu'on réfléchit à l'énorme mise de fonds que demande la fabrication la plus simple, et aux épargnes que la société a dû faire avant d'en venir au point où nous la voyons.

Ce n'est pas peu de chose que d'avoir à sortir de sa poche plusieurs centaines de mille francs pour élever des monuments grands comme des palais, pour enrégimenter et discipliner une armée d'ouvriers, avant de parvenir à fabriquer une feuille de papier à lettre dont le cahier se crie à deux sous dans la rue.

De même, avant qu'un voyageur monte dans un wagon de chemin de fer et dépose au guichet le prix de son billet, il faut, je pense, avoir mis dehors, en achat de terrains, en nivellement, en ponts et en tunnels, en voitures et en machines, une assez jolie somme.

Lorsqu'un navire à vapeur allume ses fourneaux pour la première fois et se dispose à faire un voyage d'essai, informez-vous dans les ports, auprès des constructeurs, de ce que peut coûter cette gigantesque machine à transporter les hommes et les colis.

Cette portion du capital consacrée à la circulation et à la création des objets utiles constitue, à vrai dire, la force vive d'une société. Elle n'est plus seulement destinée à la consommation, elle jouit du privilège de se reproduire ; elle ressemble à la semence que le laboureur met de côté pour la confier à la terre. Cette épargne féconde suffit pour enfanter une nouvelle moisson.

Plus une société est riche en canaux, en routes, en chemins de fer, en moyens de transport de toute sorte, plus elle a de fabriques, d'usines, d'ateliers, plus elle est montée en outils coûteux et perfectionnés, plus aussi elle peut se dire en avance et au-dessus de ses affaires, plus elle se trouve en mesure de donner

[1] On peut considérer comme un capital les puissances de travail de l'individu et son instruction. Aux États-Unis, où l'on donne un prix à tout, un jeune homme vigoureux et intelligent, à vingt ans, est estimé comme représentant un capital de 15 à 20 000 francs.

à bon marché ce que le consommateur réclame. Il n'est pas très difficile de gagner cent francs avec mille; il est beaucoup plus malaisé de gagner cent francs avec cent sous; et le comble du difficile est de parvenir à ramasser cinq francs sans en avoir le premier centime. Les commencements sont rudes pour les nations comme pour les individus; mais, pour elles aussi, il n'y a que le premier pas qui coûte. Une fois ces premiers obstacles franchis, l'homme voit reculer de toutes parts les limites du possible devant les instruments nouveaux dont la science arme son bras [1].

Résumé.

1º Épargner, c'est prélever sur ses recettes les ressources qui ne sont pas indispensables pour la consommation journalière ;

2º Il faut épargner quand on est jeune et fort, afin de n'être pas dans la misère aux époques de chômage, ou quand viendront les infirmités ou la vieillesse ;

3º Les ressources *épargnées* aident à former le *capital* ;

4º Le *capital*, c'est toute propriété : les biens-fonds, les outils, les meubles, les machines, les matières premières, etc.;

5º Les grandes entreprises supposent d'immenses capitaux, fruits d'épargne longuement et péniblement accumulés.

V. — MOYEN DE SE CRÉER UN CAPITAL, UNE PROPRIÉTÉ

La richesse vient de l'épargne. — Comme la richesse des nations est la conséquence de la richesse des individus, l'intérêt d'une contrée est de favoriser le développement de la richesse des particuliers et d'écarter les dangers que lui ferait courir la misère et le paupérisme.

C'est pourquoi on s'est presque partout ingénié à favoriser l'épargne de l'ouvrier, du pauvre, afin de l'aider à se créer une propriété, un capital, si modeste qu'il soit.

Certains grands industriels ont construit des maisons de simple apparence, mais salubres, gaies, proprettes, entourées d'un petit jardin, qu'ils vendent à un prix modéré à leurs ouvriers; et, afin de ne point les effrayer par la perspective d'une grosse somme à payer, ils prélèvent sur le salaire de chaque jour quelques centimes qui, accumulés pendant plusieurs années, constituent le prix convenu. Ce léger sacrifice journalier est à peine sensible pour l'ouvrier, et peu à peu il arrive à se trouver dans une maison qui est bien à lui, et qui paraît ne lui avoir rien coûté.

Sociétés coopératives de consommation. — Par une autre institution on obtient des effets analogues, tout en

---

[1] A. Rondelet.

moralisant l'ouvrier. C'est l'établissement de magasins d'objets de consommation : boulangerie, épicerie, boucherie, etc., organisés par les soins des grands industriels, et dans lesquels on délivre au prix coûtant les marchandises aux ouvriers d'une usine[1]. Chaque ouvrier subit sur son salaire une retenue égale à sa note de consommation. De cette manière, il n'est pas exposé à dépenser mal à propos l'argent qu'il doit employer à payer ce qu'il achète, et la somme qui lui est remise lors de la paye est tout à fait sienne : elle constitue son épargne.

Et afin d'encourager les ouvriers à réaliser des économies sur leur salaire de chaque jour, certaines compagnies et les caisses d'épargne acceptent les sommes, si petites qu'elles soient, qui sont disponibles entre ses mains, et lui en payent l'intérêt. On voit des ouvriers qui, en plaçant ainsi au fur et à mesure l'argent que d'autres dépensent pour se livrer à l'intempérance ou à quelque vice également dégradant, s'amassent des ressources importantes ; ils sont à l'abri du besoin lorsque viennent les jours mauvais, et parfois même ils parviennent à se livrer à leur tour à quelque industrie ou à quelque commerce qui les fait jouir de l'aisance, sinon de la fortune.

Assurances sur la vie. — Quelques-uns, après s'être assuré des moyens d'existence suffisants, songent encore à préparer à leurs enfants un héritage d'une certaine importance.

Un homme dont les revenus sont peu considérables pourrait être tenté de ne rien mettre de côté, et de vivre au jour le jour. Mais, ne voulant point qu'après lui ses enfants soient dans une trop grande gêne, il s'adresse à une compagnie *d'assurances sur la vie.* Il s'engage à verser à cette compagnie, chaque année, une somme déterminée, dont il ne retirera aucun intérêt. De son côté, la compagnie s'engage à payer aux héritiers de cet homme, quelle que soit l'époque de sa mort, une somme également déterminée[2].

On peut, de la même manière, assurer une rente annuelle à une personne que l'on veut favoriser[3], ou constituer un

---

[1] Les sociétés qui créent ces magasins prennent généralement le nom de *sociétés coopératives.*

[2] Pierre, âgé de 40 ans, veut assurer à ses héritiers un capital de 20 000 francs lorsqu'il mourra ; il lui suffit de verser chaque année à la compagnie d'assurance une somme de 774 francs. Les héritiers de Pierre toucheront le capital, quel que soit l'âge auquel il mourra.

[3] Pierre, âgé de 40 ans, veut assurer, à sa mort, une rente viagère ou

capital à un enfant lorsqu'il aura atteint sa vingt-cinquième
année, par exemple, en versant chaque année, à partir de
sa naissance, à une compagnie d'assurances une somme
déterminée.

Toutes les mesures qui ont pour effet de favoriser
l'épargne augmentent le bien-être des individus, la richesse
des nations, et contribuent à éloigner les ouvriers des vices
les plus dégradants et les plus funestes : la débauche et
l'ivrognerie. Combien aussi s'en trouve augmentée la satisfaction intérieure, et surtout combien en sont accrues la
paix et la joie dans les familles[1] !

Résumé.

1º Tout individu est intéressé à favoriser le développement de la richesse
des particuliers et de la nation ;

2º On doit favoriser l'épargne des ouvriers en créant des institutions
propres à diminuer les dépenses, et à recueillir et faire fructifier les
moindres sommes dont ils peuvent disposer ;

3º Les *sociétés coopératives*, les *caisses d'épargne*, les *compagnies d'assurances sur la vie*, sont des institutions de ce genre ;

4º Tout ce qui favorise l'épargne augmente le bien-être de l'ouvrier, et
l'éloigne des occasions de vice et de débauche.

VI. — LA MISÉRE

Différence entre la pauvreté et la misère. — Ceux qui
n'ont pas fait d'épargnes sont exposés à tomber dans la
misère.

Il y a une différence entre la pauvreté et la misère. Celui
qui est pauvre a besoin du travail de chaque jour pour
subvenir à sa subsistance, à celle de sa famille, mais enfin
il y pourvoit ; tandis que celui qui est dans la misère est

un capital à Auguste, âgé de 30 ans. En versant chaque année 100 francs
à une compagnie, Pierre assure pour le jour de sa mort à Auguste, ou
bien la jouissance d'un capital de 3 418 fr. 30, ou une rente viagère de
279 fr. 35.

S'il voulait lui assurer un capital de 12 000 francs, ou une rente viagère de 1421 fr. 89, il devrait verser chaque année 350 fr. 90.

Voir, pour l'explication des calculs qui conduisent à ces résultats,
l'*Algèbre*, par F. J. J., pages 209 et suivantes, et le *Manuel encyclopédique
du commerce*, par Pigeonneau. Paris, Fouraut et fils.

[1] Nous ne devons pas oublier de mentionner ici, comme institutions de
prévoyance éminemment sages, les caisses d'épargne scolaires, qui reçoivent et font produire les modestes épargnes recueillies sou par sou des
enfants qui fréquentent les classes. Elles aident les enfants à contracter
de bonne heure des habitudes d'économie.

obligé de s'imposer à lui-même et d'imposer aux siens la privation d'une partie des choses nécessaires à la vie. La situation de l'individu dans la misère est assez semblable à celle d'une ville assiégée, dans laquelle les vivres menacent de faire défaut. On soumet la population à la ration. Quelquefois on arrive à ne plus lui donner guère que du pain de très mauvaise qualité, et en quantité minime. C'est la misère.

Quand la misère atteint d'une manière permanente, dans une ville ou dans une région, un grand nombre de familles, elle prend le nom de *paupérisme*, l'une des plaies les plus humiliantes qui puissent affliger le peuple au milieu même d'une civilisation avancée.

Il y a lieu de rechercher ici quelles sont les causes de la misère. On peut les ranger en trois grandes classes : les causes physiques, les causes morales et les causes sociales.

Causes physiques de la misère. — *Les causes physiques de la misère* sont les infirmités, la maladie, l'impuissance provenant de l'âge ou des accidents. Le pauvre qui est frappé dans ses membres, sa santé ou ses forces, ne pouvant plus gagner sa vie, tombe dans la misère s'il n'est secouru. Les civilisations païennes de l'antiquité et de Rome n'avaient pas découvert d'autre remède que de condamner à périr les pauvres petites créatures qui naissaient difformes ou malingres. Les esclaves infirmes étaient privés d'une partie du nécessaire et périssaient ainsi, faute d'alimentation. Il existe encore des peuplades sauvages parmi lesquelles les parents devenus vieux et infirmes sont tués par leurs enfants.

Le christianisme, en pénétrant les mœurs des peuples, en a banni ces coutumes barbares ; il a partout multiplié les, fondations et les asiles où sont recueillis les malheureux. C'est un devoir pour les individus et pour les nations de soutenir ces œuvres, inspirées par le sentiment le plus pur de la charité ; mais c'est un devoir bien plus étroit et plus doux pour les membres d'une famille de partager avec ceux d'entre eux qui sont visités par l'épreuve les ressources que la Providence les met à même de se procurer.

Causes morales de la misère. — *Les causes de la misère tirées de l'ordre moral* sont celles qui ont leur origine dans les passions. Une personne est orgueilleuse, et elle dépense en un luxe insensé les sommes qu'elle devrait employer au soutien de sa famille. Celui-ci est intempérant ; il va au cabaret dépenser follement une partie de son salaire, tout en perdant la journée employée à ces excès, et d'autres journées pour se remettre de l'indisposition qui est la conséquence de cette mauvaise conduite. Pendant ce temps, sa famille est dans le besoin.

Un autre se livre à la débauche, au jeu, gaspille, en un mot, des sommes dont il devrait se servir pour payer ses fournisseurs, qui bientôt refusent de lui faire crédit. Comme il n'a pas d'argent pour payer comptant, il faut s'imposer des privations. Le remède à ce mal n'est pas dans l'aumône seule; il est surtout dans le frein que la conscience religieuse peut imposer aux passions. Aussi la société et l'État ont-ils le plus grand intérêt à ce que tous les citoyens soient élevés dans la pratique de la loi divine et le respect de la religion. Un grand nombre, parmi les ouvriers plongés dans la misère, sont en même temps des hommes vicieux et blasphémateurs. Ils sont doublement dignes de commisération, étant à la fois malheureux et coupables.

Résumé.

1º La misère est l'état d'une personne qui ne peut se procurer les choses nécessaires à la vie. Elle diffère de la pauvreté qui suppose que l'on a le nécessaire, mais sans pouvoir rien épargner;

2º Lorsque la misère atteint un grand nombre de personnes dans une région, elle constitue le paupérisme;

3º Les causes physiques de la misère sont les infirmités, la maladie. Les païens n'avaient qu'un remède contre les maux : la mort. Le christianisme a développé le sentiment de la charité, qui porte à secourir les malheureux;

4º Les causes morales de la misère sont celles qui tirent leur origine des passions.

VII. — LA MISÈRE (suite)

Causes sociales de la misère. — *Les causes sociales de la misère* sont celles qui tiennent à l'organisation de la société; elles se résument dans les deux suivantes : l'excès des charges et l'insuffisance des ressources.

Les charges sont les dépenses nécessaires pour la nourriture, le logement, le vêtement des membres de la famille, le payement des contributions et autres dépenses imposées par les pouvoirs publics. Certaines législations accordent des privilèges aux familles nombreuses. Tant que les enfants sont jeunes, ils coûtent au père de famille et ne lui sont d'aucun secours ; peu à peu ils lui viennent en aide, et plus tard, lorsque est venue pour lui l'heure du repos, plus ils sont nombreux, plus il leur est facile de subvenir à ses besoins. Plus le gouvernement se montre favorable aux familles nombreuses, mieux il sert les intérêts de la nation au point de vue moral et matériel.

Quant à l'insuffisance des ressources, elle provient de la mauvaise organisation du travail ; tantôt, par l'effet des abus de la libre concurrence, les salaires tombent trop bas ; tantôt, faute d'une législation suffisamment complète sur la responsabilité pécuniaire des patrons, un ouvrier victime d'accidents de travail tombe dans la misère ; tantôt enfin, en l'absence de toute caisse corporative destinée à secourir les ouvriers en cas de chômage, une famille où le père manque d'ouvrage est réduite à l'extrême pénurie.

Les remèdes à la misère. — Il résulte de ce que nous venons de dire que l'Etat législateur et les associations professionnelles peuvent, dans une certaine mesure, prévenir la misère ; mais l'ouvrier, de son côté, doit, pour échapper à la misère, faire acte, tout ensemble, de prudence et d'énergie. Combien de gens se plaignent de ce que les salaires sont trop peu élevés ou les impôts trop lourds, et qui perdent volontairement, non seulement sans profit pour leur santé, mais à son grand dommage, des journées employées à s'enivrer, ou à se livrer à quelque entreprise plus ou moins violente, telles que sont les grèves, les réunions publiques, où trop souvent l'on ne sait pas garder la mesure et le respect des droits d'autrui ! D'autres se créent des besoins factices.

Voulez-vous augmenter votre salaire ? peut-on dire à ces ouvriers. Commencez par ne perdre aucune journée. Voulez-vous diminuer vos impôts ? Fumez moins, ou ne fumez pas du tout, renoncez à l'eau-de-vie et à tout excès de la boisson. Alors vous pourrez de temps en temps, le dimanche, après avoir rempli vos devoirs de chrétiens, vous égayer en famille et prendre avec les vôtres un repas plus confortable, qui vous fera d'autant plus de bien que vous le partagerez avec ceux que vous aimez.

Comment on peut soulager les pauvres. — On ne peut espérer voir disparaître la pauvreté ; Jésus-Christ l'a dit : « Vous aurez toujours des pauvres parmi vous ; » mais on peut la diminuer et la soulager.

Beaucoup d'institutions ont été établies dans ce but. Nom-

mons les bureaux de bienfaisance, l'assistance publique[1],
les hôpitaux et les hospices, les sociétés de secours mutuels[2], les sociétés de Saint-Vincent-de-Paul, l'œuvre admi-
rable des Petites Sœurs des pauvres, etc. etc.

Tous ceux qui se consacrent au soulagement de la misère
ont droit à la reconnaissance publique, soit qu'ils y dévouent
leurs personnes, soit qu'ils y emploient les dons de leur générosité. Mais ils sont surtout dignes de toute gratitude ceux
qui, en offrant un remède aux misères physiques, savent
verser le baume de la consolation dans les âmes, tout en
éclairant et en purifiant les consciences. Il n'y a pas de mission plus belle et plus méritoire que de donner à Dieu des
cœurs qui s'étaient abandonnés au vice et s'étaient aigris
contre la société, où ils se trouvaient trop malheureux.

Qu'on se souvienne de la bonté de Jésus-Christ pour les
malheureux et de la touchante parabole du Samaritain. On ne
s'étonnera pas que le christianisme ait pu toujours enfanter
des dévouements capables de lutter contre toutes les formes
de la misère. Qu'on jette un coup d'œil sur le monde, et
l'on verra que la fécondité de l'Église n'est point tarie.

Résumé.

1° Les causes sociales de la misère sont *l'excès des charges* et *l'insuffisance des ressources ;*

2° Les charges sont les dépenses pour le logement, la nourriture, le
vêtement, les contributions, etc. ;

3° L'insuffisance des ressources peut venir de l'abaissement des salaires,
de la fermeture des ateliers, de quelque maladie qui empêche de travailler : autant d'accidents que la mauvaise organisation du travail ne
permet pas de prévenir ou de réparer;

4° On peut accroître ses ressources en évitant tout ce qui cause un
amoindrissement du salaire, et diminuer les dépenses en se privant de
certaines satisfactions plus nuisibles qu'utiles ;

5° On ne parviendra pas à supprimer la pauvreté ; mais on doit soulager
ceux qui souffrent. Jésus-Christ a été compatissant pour les malheureux,
l'Église a créé des œuvres pour les soulager, et les gouvernements, s'in-
spirant des sentiments chrétiens, favorisent les dévouements qui ont pour
objet d'adoucir le sort de la classe ouvrière.

[1] *Assistance publique,* ensemble des services organisés pour secourir
l'indigence.

[2] Les *sociétés de secours mutuels* sont des associations de bienfaisance.
Elles comprennent ordinairement deux sortes de membres : les membres
honoraires et les membres *participants.* Les premiers payent une cotisation annuelle, mais renoncent aux secours que la société donne à ses
membres *participants.* Ceux-ci versent également une cotisation; en cas
d'accident, de maladie, ou même quelquefois de chômage, ils reçoivent un

VIII. — CIRCULATION ET DISTRIBUTION DE LA RICHESSE

Inégale répartition des richesses. — Les richesses sont inégalement réparties. Rien de plus facile à expliquer. Imaginons qu'aujourd'hui on fasse le partage de tous les biens d'une nation entre tous les individus qui la composent. Dès demain les parts ne seront plus égales. Les plus intelligents, les plus instruits, les plus adroits, les plus vigoureux, les plus économes, les plus moraux, auront déjà acquis légitimement une part des biens des ignorants, des malavisés, des faibles, des prodigues, des intempérants. L'inégalité aura reparu. Faudra-t-il repartager?

Supposons qu'au lieu de partager on mette tout en commun. Tout appartient à tout le monde. La société n'est plus qu'une famille. Alors il fera bon être paresseux, se bien traiter, vivre à son aise; on chargera le voisin de faire les travaux pénibles et fatigants et de s'imposer des privations. Mais le voisin s'accommodera-t-il de ce genre de vie? C'est peu probable. Dès lors que deviendraient la justice et la paix dans la société?

Ces deux suppositions, conduisant à l'injustice ou à de perpétuelles compétitions, doivent être écartées. Il faut donc, au lieu d'entretenir l'espoir chimérique d'une égale répartition des richesses, maintenir et rappeler sans cesse que la possession de la richesse confère un devoir social, que l'emploi des richesses, d'après les idées chrétiennes, doit être régi par certains principes de justice et de charité, et que le riche ne doit être, en définitive, qu'un usufruitier des biens confiés par Dieu.

L'échange facilite le déplacement de la richesse. — Les richesses ne sont pas immobiles entre les mains de ceux qui les possèdent. Elles sont sans cesse déplacées par les divers contrats, qui tous se ressemblent en un point : on donne une chose en échange d'une autre.

Un individu ne peut songer à travailler uniquement pour

secours prélevé sur la caisse de la société, et dont le montant est déterminé à l'avance par les statuts de l'association.

Ces sociétés peuvent être approuvées par le gouvernement, qui leur confère, en même temps que l'autorisation, certains pouvoirs, entre autres celui d'être aptes à recevoir des legs ou donations.

Un décret du 26 décembre 1852 voulant écarter les dangers qu'auraient pu faire naître les sociétés de secours mutuels, a soumis leur approbation à des conditions déterminées.

lui seul, ni à produire tout ce dont il a besoin ; il vend une partie de ce qu'il produit, et, avec l'argent qu'il en retire, il achète ce qui lui est nécessaire. Il en est de même entre les nations ; elles échangent leurs produits, de sorte que chacune est redevable aux autres sous quelque rapport. Quelle est la nation qui peut se passer de recourir à l'étranger ?

Le Français essayera-t-il de produire lui-même ses oranges dans des serres, au lieu de les demander au Portugal ou à l'Algérie ? L'Angleterre prétendra-t-elle jamais fabriquer du vin national ? La Suède voudra-t-elle produire elle-même le coton ou la Hollande le blé ? Non, tous ces pays s'adressent aux contrées les mieux placées pour ces produits, et leur offrent en échange leurs vins, leur houille, leur fer, leur lin. Chaque individu n'agit pas autrement. A chacun son métier ; pour tous, l'échange. Ce n'est pas seulement un calcul, c'est une nécessité. Nul ne peut se suffire qu'à la condition de se passer à peu près de tout. Comment réunir les divers talents, les exercer tous à la fois, trouver les capitaux nécessaires à ces mille variétés du travail ? Chacun se limite donc à une occupation, y concentre tous ses soins, toutes ses ressources intellectuelles, morales et matérielles, obtient ainsi, par son application et par son habileté, une production bien supérieure à ses besoins, et trouve dans cet excédent de quoi se procurer l'excédent analogue des autres producteurs[1].

On le voit, ce qui rend l'échange très utile pour l'amélioration des produits et leur bas prix, c'est la division du travail, c'est-à-dire l'organisation de la société de telle façon que chacun s'occupe d'un métier, au lieu de fabriquer lui-même tous les objets dont il a besoin, de même que chaque nation s'attache à faire valoir les industries qui peuvent le mieux prospérer chez elle.

<h3 style="text-align:center">Résumé.</h3>

1° Les richesses ne peuvent être également réparties entre tous les citoyens ;

2° Supposé que l'égalité s'établît sous ce rapport, elle ne subsisterait pas un jour ;

3° Les richesses ne demeurent pas immobiles entre les mains de ceux qui les possèdent ; elles circulent par l'échange des produits ;

4° Chacun a besoin de tout le monde. — Un individu ne peut produire tout ce dont il a besoin ; mais il fabrique certains produits qu'il ne peut consommer ; il les vend et achète à d'autres ce qui lui est nécessaire. — Ainsi se font les échanges ;

5° L'échange permet de se procurer les objets à bien meilleur compte que si chacun devait mettre lui-même en œuvre la matière première pour les fabriquer.

---

[1] *Manuel encyclopédique du commerce.*

IX. — CIRCULATION ET DISTRIBUTION DE LA RICHESSE (suite)

Libre échange et protection. — Le commerce ou l'échange entre une nation et une autre est réglementé par les tarifs des douanes et les traités de commerce. Quand on renonce aux douanes, on établit le *libre échange;* quand on maintient les tarifs des douanes, on *protège* l'industrie nationale. Je suppose que les usines métallurgiques de France ne puissent produire la fonte qu'au prix de 95 francs la tonne, tandis que l'Angleterre pourrait la livrer à la France au prix de 77 francs, tout en payant les frais de transport. Dans ce cas, si les fers anglais entrent en France sans payer de droits, les établissements métallurgiques français ne pourront plus vendre leur fonte, et devront se fermer. Si l'on impose un droit de 18 francs par tonne sur les fontes anglaises, l'industrie française pourra se soutenir.

Mais, dira-t-on, si l'industrie française ne peut se soutenir qu'avec la protection de la douane, laissons-la périr, et nous payerons le fer moins cher en le faisant venir d'Angleterre. Tel est le raisonnement des partisans du libre échange.

Les protectionnistes répondent : Oui, mais si l'industrie du fer périt chez nous, combien d'ouvriers qu'elle emploie et qui devront chercher ailleurs du travail ! Combien de sommes d'argent elle fait arriver dans la région, et qui devront prendre le chemin de l'Angleterre !

On raisonnerait de même au sujet de toute autre industrie.

Depuis quelques années, en France, cette dernière raison a été appuyée par les chiffres de notre commerce général. Les importations s'élevant à 3 837 147 000 francs, et les exportations ne valant que 3 404 643 000 francs[1], il en résulte que chaque année la France voit sortir de ses mains, pour passer dans celles de l'étranger, environ un demi-milliard. C'est ce qui a déterminé à modifier les traités de commerce, afin de protéger quelques industries en souffrance qui pourront se relever. Mais c'est là une situation exceptionnelle; les idées sont généralement favorables au libre échange, et la protection n'est admise qu'accidentellement. Et, en effet, si elle était pratiquée régulièrement et

---

[1] Ces chiffres sont empruntés à l'*Annuaire de l'économie politique,* ils se rapportent à l'année 1897.

sur tous les produits, il en résulterait des conséquences bizarres et fâcheuses.

Conséquences de la protection portée à l'excès. — Nous allons essayer de nous faire comprendre :

Pour protéger l'agriculture, on défend l'entrée du blé étranger, de la laine étrangère, de la viande étrangère. Admettons que cette interdiction assure au producteur agricole un bon prix : voilà, en effet, un protégé. Mais les autres industriels le sont-ils, puisqu'ils payent plus cher le blé, la laine et la viande? Ils réclament à leur tour protection : on prohibe le fer étranger, l'acier étranger. Mais alors l'agriculture paye plus cher ses machines, et perd par là le bénéfice antérieur de la protection, et ainsi de suite, si bien que toutes les industries sont protégées aux dépens les unes des autres [1].

Si c'est protéger le travail national que d'accabler la nation de travail pour procurer, tout compte fait, aux travailleurs de tous rangs moins d'aliments, moins de vêtements, moins de mobilier, moins de toutes choses, les adversaires de la liberté du commerce ont raison. Mais si la vraie protection du travail national consiste à faire en sorte que, pour la même quantité de travail, les travailleurs aient une plus forte ration de pain, de viande et de vin, de café et de sucre, des habits plus moelleux et plus élégants, des logements mieux éclairés, mieux chauffés, plus dignes d'être l'asile d'une famille heureuse, et, en un mot, tous les éléments de ce bien-être qui est plus qu'une jouissance, qui est nécessaire à la santé de l'homme, plus qu'à sa santé, à sa dignité; oh! alors, bien certainement, c'est la liberté du commerce qui l'emporte [2].

On le voit, si les protectionnistes peuvent invoquer de très fortes raisons, les libres échangistes ne sont pas sans réplique. Ce n'est pas nous qui ferons l'accord entre eux ; mais ce que nous venons de dire suffit pour faire comprendre tout l'intérêt qui s'attache, pour les peuples, à la conclusion des traités qui règlent les conditions du commerce international.

Résumé.

1º Le *libre échange*, c'est la facilité de vendre les produits d'une nation à une autre sans payer de droits de *douanes* ;

2º La *protection*, c'est le système qui, en imposant des droits de douanes aux produits étrangers, maintient le prix et favorise la vente des produits nationaux, qui sont ainsi *protégés* ;

3º Le *libre échange* est favorable à ceux qui achètent les produits étrangers, c'est-à-dire au *consommateur* ;

[1] *Manuel encyclopédique du commerce.*
[2] Michel Chevalier.

4° La *protection* est favorable aux industriels, agriculteurs, etc., nationaux, c'est-à-dire aux *producteurs;*

5° Le producteur, ce n'est pas seulement le propriétaire d'une industrie ou d'une ferme, c'est aussi l'ouvrier qu'il emploie. Ainsi la protection,
qui est contraire aux intérêts de l'ouvrier considéré comme *consommateur*, lui est favorable si on le considère comme *producteur;*

Si l'industrie et l'agriculture nationales ne vendaient pas assez cher
leurs produits, elles disparaîtraient; alors adieu les salaires des ouvriers.

X. — LA MONNAIE

Nécessité de la monnaie. — A l'origine des sociétés,
— et aujourd'hui encore parmi certaines tribus sauvages, —
le commerce se faisait par le moyen de l'échange d'objets en
nature; mais on conçoit que la gêne résultant d'un tel procédé a dû amener promptement la création d'un objet d'une
valeur fixe, servant à faire les échanges plus commodément.

Un exemple fera mieux comprendre notre pensée : Un
homme possède pour toute fortune une pièce de bétail qu'il
a engraissée. Il lui faut se procurer certains outils, renou-
veler en partie son habillement, remplir de nouveau la
burette d'huile, etc. S'il en était réduit à un échange en
nature, il lui faudrait offrir à l'un la hure, à l'autre le
jambon, à un troisième la langue ou les oreilles de l'anima'
qu'il se propose de vendre. Il faudrait donc qu'il le débitât
à la façon du charcutier, et encore que ceux auxquels il
présenterait des portions de son avoir fussent disposés à les
recevoir. N'est-il pas plus simple et plus expéditif de le
vendre en bloc pour la totalité de sa valeur, et d'offrir ensuite au marchand d'outils, de vêtements ou d'huile, la
valeur de l'objet acheté à chacun d'eux?

Avec quoi doit se fabriquer la monnaie. — L'utilité
de la monnaie[1] pour faciliter les transactions commerciales

---

[1] « Chez les races agricoles et pastorales, comme les Mèdes et les Perses,
le bétail fut la première monnaie de compte. En Égypte, l'or et l'argent
interviennent dès l'antiquité la plus reculée comme mesure de la valeur
des marchandises; mais ils n'étaient pas monnayés, on les façonnait seulement en anneaux d'un poids et d'un titre variables, et qu'il fallait peser
à chaque transaction. Quant à la monnaie sous forme de disque, d'un
poids constant et marquée d'une empreinte officielle, c'est aux Babylo-
niens ou aux Phéniciens qu'il faut en attribuer l'invention; mais la monnaie d'argent fut seule employée jusqu'au roi de Perse Darius (522-425 av.
J.-C.), qui fit le premier frapper des pièces d'or à son effigie. » (*Manuel
encyclopédique du commerce.*)

Homère fait bien voir que la monnaie n'existait pas à l'époque de la n'est pas à démontrer ; mais il n'est pas hors de propos de faire connaître les conditions que doit remplir la matière choisie pour la fabrication de la monnaie.

1° *Elle doit avoir une grande valeur sous un petit volume*, autrement il serait trop difficile de transporter des sommes importantes. Comment porter une somme de 1000 francs si la monnaie était de fer, comme l'avait exigé Lycurgue[1] ? La somme de 1000 francs pèserait environ 11 111 kilogrammes (de quoi charger un wagon), en admettant que le prix de la tonne de fonte fût de 90 francs. Tandis qu'en monnaie d'or, 1000 francs pèsent 322 grammes 58.

2° *Chacune des parties d'une pièce de monnaie doit avoir la même valeur pour un même poids.* On a du drap de différents prix : le drap ne pourrait servir à fabriquer la monnaie ; le diamant même ne peut pas être choisi, parce que tout diamant n'est pas de la même limpidité, ne peut pas être taillé de la même façon.

3° *Elle doit être, autant que possible, inaltérable,* sans quoi les pièces, en s'usant, perdraient beaucoup de leur valeur. Payer avec des têtes de bétail serait employer une monnaie qui peut varier de prix considérablement d'un jour à l'autre[2].

4° *La valeur de la matière ne doit pas changer brusquement.* Les objets qui sont d'une consommation habituelle ont une valeur qui varie fréquemment ; l'or, l'argent, les métaux précieux, ne se rencontrant pas en grande abondance dans la nature, conservent à peu près la même valeur, ou du moins ne sont pas exposés à des variations brusques.

Monnaie française. — En France, nous avons trois sortes de monnaies : la monnaie d'or, la monnaie d'argent, la monnaie de billon. (Voir *Arith.* F. J. J.)

La monnaie d'or a cours forcé, parce que le métal vaut la somme indiquée sur chaque pièce. Dans la pièce de 20 francs, il y a pour 20 francs de métal.

guerre de Troie (1194-1184 av. J.-C.). La plus ancienne monnaie des Grecs portait l'empreinte d'un bœuf ; à Sparte, les monnaies d'or, d'argent et de cuivre étaient proscrites ; on n'employait que la monnaie de fer. Les Romains se servirent d'abord de monnaie de cuir ; puis ils employèrent la terre cuite, le bois peint, le cuivre, et l'argent, vers l'an de Rome 485, ou 268 avant J.-C. Dans certaines contrées peu civilisées de l'Inde, on se sert encore de coquillages.

[1] *Lycurgue,* roi de Sparte, célèbre législateur (884 av. J.-C.)

[2] Au Nouveau-Mexique (États-Unis) on effectue encore des payements avec du bétail. On convient que, pour tel objet, on donnera tant de *moutons.* Le mouton alors est l'unité monétaire.

La monnaie d'argent a également cours forcé quand on paye en pièces de 5 francs ; mais les pièces de 2 fr., 1 fr. et 50 c. ne renfermant pas une quantité de métal fin dont la valeur égale la somme qu'elle représente, n'ont cours forcé que jusqu'à concurrence de 50 francs (depuis 1864). Au delà de cette somme, on peut les refuser et exiger de l'or ou des pièces de 5 francs.

Quant à la monnaie de billon, elle n'a cours forcé que jusqu'à concurrence de 5 francs, et même les caisses publiques ne reçoivent pas au delà de 50 centimes de cette monnaie.

La France a frappé, depuis un siècle, pour 8 milliards 691 millions de francs de monnaie d'or, et pour 5 milliards 551 millions d'argent.

Billet de banque. — Outre la monnaie métallique, il y a ce que l'on appelle la monnaie fiduciaire[1], tel que le billet de banque. Le billet de banque n'est qu'un papier sans aucune valeur par lui-même ; mais il contient la promesse de payer au porteur la somme qui y est inscrite. On l'accepte pour la somme qu'il porte, parce que l'on a confiance dans la société qui l'a mis en circulation, et qui possède des propriétés pour en garantir le payement. Aussi a-t-on toujours le droit de se faire rembourser en monnaie sonnante la valeur d'un billet de banque. Le billet de banque n'a pas ordinairement cours forcé, c'est-à-dire qu'on n'est pas obligé de le recevoir en payement, sauf à certaines époques où la monnaie métallique fait défaut.

La Banque de France[2] peut émettre des billets pour 4 milliards de francs (loi du 25 janvier 1893) ; son encaisse métallique, pour la garantie[3] du payement de ces billets, doit être ordinairement le quart de cette somme, soit un milliard de francs.

Résumé.

1° A l'origine des sociétés, la monnaie n'existait pas. On échangeait les produits ;

---

[1] *Fiduciaire*, basée sur la confiance.

[2] Fondée par Bonaparte (1800-1803).

[3] Cette garantie est indispensable ; car le papier n'a par lui-même aucune valeur. On sait ce que sont devenus les assignats, dont la valeur était d'abord garantie par les *propriétés nationales ;* on en avait fabriqué pour 45 milliards (du 1er avril 1790 au 19 février 1796). Il était impossible de les échanger contre de la monnaie ; aussi à la fin ils ne valaient que 1/200 de leur valeur nominale, et même il fut tout à fait impossible de les utiliser.

2° Les échanges de produits causent une grande gêne dans les opérations commerciales ;

3° La monnaie fait disparaître cette gêne et facilite les transactions ;

4° La matière dont se compose la monnaie doit remplir certaines conditions :

(a) Elle doit avoir une grande valeur sous un petit volume ;

(b) Chacune des parties d'une pièce de monnaie doit avoir la même valeur pour un même poids ;

(c) La matière doit être autant que possible inaltérable ;

(d) La valeur de la matière ne doit pas subir de brusques changements.

XI. — LE CRÉDIT ; L'INTÉRÊT

Le crédit. — Quand on veut se procurer un objet, on n'a pas toujours en main l'argent nécessaire pour le payer ; mais si l'on possède des biens, ou si l'on travaille de telle façon que le marchand ait l'espoir fondé d'être payé, il livre l'objet à *crédit*. Ce mot, qui veut dire *croyance*, suppose que celui qui accorde un *crédit* croit que son acheteur sera en mesure de le payer.

Le crédit s'étend bien au delà de cette simple opération que nous venons de supposer. Voici un ouvrier habile qui veut créer une industrie, devenir patron lui-même. Il lui faut des fonds pour se procurer des locaux, des matières premières, et pour payer, en attendant qu'il puisse vendre les produits, le salaire des ouvriers qu'il emploiera. Il s'adresse à un banquier. S'il est connu pour son habileté et sa probité, et qu'on ait lieu de penser qu'il remboursera les avances qu'il demande, on lui accorde du crédit et on lui prête une somme dont l'importance est proportionnée à la confiance qu'il inspire.

Les compagnies qui exploitent les mines, construisent des chemins de fer et des canaux, établissent les grandes industries, n'ont pas les capitaux nécessaires ; elles s'adressent au public, qui leur prête, si elles savent établir leur crédit, c'est-à-dire si elles parviennent à inspirer de la confiance.

— Les États ont eux-mêmes recours au crédit lorsqu'ils font des emprunts. L'empressement avec lequel on souscrit ces emprunts indique la mesure de confiance que le public met dans la solvabilité de la nation. Lorsque, après nos désastres de 1870, le gouvernement emprunta successivement deux, puis trois milliards, et que ce dernier emprunt eut été couvert quarante fois dans la première journée de la souscription, tous les peuples furent dans l'étonnement et l'admiration en voyant combien était grand le crédit de la France.

C'est le crédit qui permet de faire toutes les grandes entreprises. Sans son concours on n'aurait pu établir les chemins de fer et les grandes compagnies de navigation, percer l'ithme de Suez, etc.

Les instruments et les institutions de crédit sont nombreux. C'est sur le crédit que sont fondés les billets à ordre, les lettres de change, les chèques, les billets de banque, etc. (Voir *Tenue des livres, et Éléments de comptabilité par F. I. C.*)

Parmi les institutions de crédit, nous citerons les banques, le crédit foncier, le crédit mobilier, les caisses d'épargne[1], les monts de piété[2], toutes les compagnies qui, lors de leur fondation, s'adressent au public pour lui emprunter de l'argent, ou dont les opérations sont des prêts ou des avances.

L'Intérêt. — Quand une personne a besoin, pour vivre, d'emprunter une somme d'argent ou des denrées, on lui en fait l'avance sans exiger en retour autre chose que ce que l'on a prêté ; mais si quelqu'un veut s'engager dans une entreprise pour laquelle il fait appel au crédit, ceux qui lui prêtent exigent qu'il leur assure, sous le nom d'intérêt, une certaine portion des bénéfices qu'il espère réaliser. La loi du 12 janvier 1886 a affranchi les prêts en matière commerciale de l'obligation de se soumettre au taux légal. Ce taux ne subsiste plus qu'en matière civile.

Voici un commerçant qui veut agrandir ses magasins ; il me demande de lui prêter de l'argent, j'y consens, à la con-

---

[1] Les *caisses d'épargne* sont des institutions destinées à recevoir les petites épargnes, à les tenir à la disposition des intéressés, tout en leur servant un intérêt. Elles reçoivent les sommes très petites ; les livrets sont de 1 franc à 1500 francs ; elles donnent un intérêt de 2 $\frac{1}{2}$ à 3 %, servi par moitié chaque six mois. La première caisse d'épargne a été créée à Rome en 1787 ; elle a été imitée à Paris en 1818.

On a, en 1874, créé des caisses *d'épargne scolaires*. L'instituteur reçoit sou par sou les économies de ses élèves; il les inscrit, et quand les économies d'un élève se montent à 1 franc, il s'adresse à la caisse d'épargne du département, qui lui donne un livret au nom de ce jeune capitaliste, qui commence dès lors à avoir droit à des rentes.

Il y a 543 caisses ordinaires ouvrant 2 033 bureaux et recevant 3 227 437 000 fr. en dépôt pour 6 121 280 livrets.

[2] *Mont-de-piété*, établissement où l'on prête de l'argent en acceptant comme garanties de payement des objets mobiliers : montres, bijoux, linge, outils, etc.

dition qu'il me donne annuellement un intérêt déterminé.

Dans le régime économique actuel, régime reposant sur cette idée que l'argent doit fructifier, les règles anciennes portées par l'Église contre l'intérêt du prêt, comme gain obtenu ou violation de la loi universelle du travail, sont tempérées par deux exceptions.

Le prêteur peut réclamer un intérêt : 1° si, par suite du fait qu'il a prêté de l'argent, il cesse d'en faire un emploi fructueux et n'est plus en mesure de saisir des occasions effectives de consacrer ces fonds à une entreprise donnant des bénéfices ;

2° Si, en raison des conditions dans lesquelles le prêt est fait, il existe pour le prêteur des risques de ne pas recouvrer sa créance.

Cet intérêt régulier et fixe est limité par la loi afin que l'on n'abuse pas, en exigeant un intérêt usuraire, de la situation embarrassante où se trouvent quelquefois certaines personnes pour solder des dettes auxquelles elles ne peuvent momentanément faire face; mais dans les compagnies par actions, comme celles qui ont construit les chemins de fer, et qui partagent les bénéfices entre les actionnaires, l'intérêt peut, sans être illégitime, dépasser de beaucoup l'intérêt légal.

Résumé.

1° Le crédit est un délai de payement accordé à un débiteur en qui l'on a confiance ;

2° Une personne, une nation, une société, a du crédit quand on est disposé à lui faire des avances de fonds ou à lui accorder des délais de payement ;

3° Les grandes entreprises seraient impossibles sans le crédit, car aucun individu ne pourrait rassembler personnellement les sommes nécessaires pour les mener à bonne fin ;

4° Parmi les institutions de crédit, on peut citer : les *banques*, le *crédit foncier*, le *crédit mobilier*, les *caisses d'épargne*, les *monts-de-piété;*

5° L'intérêt est une somme versée, en dehors du capital, par l'emprunteur à celui qui lui a prêté son argent ;

6° L'Église permet que le prêteur réclame l'intérêt d'un prêt :

(a) Si le prêteur, en faisant ce prêt, cesse d'employer son argent dans le commerce ou dans l'industrie, et de le rendre ainsi productif;

(b) Si, en le remettant à autrui, il court risque de le perdre.

XII. — LE SALAIRE

Notion du salaire et droit des salariés. — Le salaire est la juste rémunération du travail; c'est le prix convenu entre le patron et l'ouvrier, en échange du travail fait ou à faire par le second en faveur du premier.

D'une part nous avons un entrepreneur, de l'autre un ouvrier. Le premier est-il tenu d'embaucher le second dans son usine? — Non. — Le second est-il contraint de s'y embaucher? — Pas davantage. Donc tous deux sont parfaitement libres de consentir ou de refuser. — L'ouvrier a-t-il le droit de disposer de son travail? — Il n'y a point de chose qui soit autant la propriété d'un homme que son propre ouvrage; donc il est absolument le maître d'en disposer[1].

Voilà ce que l'on entend par la liberté du travail.

Ce système comporte un correctif, au nom de la morale chrétienne. Le patron, libre d'embaucher ou de ne pas embaucher l'ouvrier, n'a pas le droit d'imposer à l'ouvrier, en profitant de la nécessité où se trouve celui-ci, des salaires trop bas. Au-dessus des considérations économiques, une considération morale doit entrer en ligne de compte pour la fixation des salaires : il faut que les salaires soient suffisants pour faire vivre l'ouvrier. L'ouvrier qui travaille tout le jour, et qui pourtant n'a point de quoi vivre, est victime d'une injustice. Il a accepté ce maigre salaire, dira-t-on. — Il l'a accepté, soit; mais il y était contraint par la faim : malgré le contrat de travail consenti par l'ouvrier, un tel salaire demeure injuste.

Il faut en outre tenir compte, pour la fixation du salaire, de la quantité et de la perfection du travail fait. Celui qui fait un travail double d'un autre dans le même temps mérite, tout étant d'ailleurs égal, une double récompense; celui dont l'ouvrage est le plus parfait procure un profit plus grand au patron, il a naturellement droit à un salaire plus élevé.

Mais il y a encore bien d'autres considérations à faire pour comprendre toutes les conditions du salaire.

Plus est grand le nombre des ouvriers qui s'offrent pour faire un travail, moins le salaire est élevé. Plus on entreprend de travaux, plus sont élevés les prix qu'offrent les

[1] Discours de M. Harmel au congrès des directeurs des associations ouvrières, oct. 1881.

patrons pour engager les ouvriers. C'est ce que l'on appelle la loi de l'*offre* et de la *demande*. Ainsi l'intérêt de l'ouvrier demande que l'on fasse beaucoup d'entreprises, autrement dit, c'est qu'il y ait dans le pays beaucoup de gens riches, car il n'y a que ceux qui ont des ressources qui puissent dépenser. Le devoir du riche, d'autre part, est d'employer sa fortune en œuvres productives, au lieu de l'immobiliser : le propriétaire qui néglige de faire cultiver un grand domaine manque à son devoir. Dans un pays où l'on rencontre peu de riches, ou bien où les riches ne font pas leur devoir, le travail ne va pas, beaucoup d'ouvriers sont inoccupés, et ceux qui trouvent de l'ouvrage sont mal rétribués.

Mais quoi qu'il en soit, un régime social dans lequel tous les salaires seraient avilis par l'effet du jeu naturel de la loi de l'offre et de la demande serait un régime mauvais, essentiellement antichrétien, et susceptible d'être perpétuellement troublé par les légitimes revendications des ouvriers. Il y a un salaire minimum imposé par la justice, déterminé par les besoins de l'ouvrier, et au-dessous duquel le taux ordinaire des salaires ne doit jamais descendre.

Le travail du dimanche n'augmente pas le salaire. — Quelques patrons s'imaginent que le moyen de gagner beaucoup, c'est de forcer les ouvriers à travailler sans relâche, le dimanche comme les autres jours. C'est une erreur. Le corps a besoin de repos aussi bien que de nourriture. Il est d'expérience que l'ouvrier qui travaille dix heures par jour fait autant de besogne que celui qui travaille douze heures ; et celui qui se repose le dimanche fait autant de besogne que celui qui ne veut pas s'arrêter. En se reposant, il conserve ses forces et sa santé, qui sont le capital le plus précieux. En employant un jour de chaque semaine à servir Dieu, à s'occuper davantage des devoirs intimes de la famille, on augmente la force morale si nécessaire au bonheur de l'individu.

En Angleterre et en Amérique, le repos du dimanche est strictement observé ; or, on n'entend pas dire que l'industrie y soit moins prospère qu'ailleurs, ni que l'ouvrier y soit moins bien rétribué.

Résumé.

1° Le salaire est la rétribution du travail ;

2° Le salaire est librement convenu entre le patron et l'ouvrier : mais cette convention ne doit pas violer certaines règles de justice, qui régissent la question du salaire ;

3° Le salaire doit être proportionné au bénéfice que l'ouvrier procure au patron. L'ouvrier plus habile a donc droit à un salaire plus élevé que celui qui l'est moins ;

4° Plus il y a de personnes riches dans un pays, plus on fait travailler ; plus on fait travailler, plus les salaires sont élevés ; l'ouvrier, loin de s'irriter contre les riches, doit donc souhaiter que les riches qui remplissent leur devoir social se multiplient ;

5° Les patrons qui contraignent les ouvriers au travail du dimanche méconnaissent le droit qu'a l'ouvrier de conserver ses forces et sa santé et de remplir ses devoirs religieux.

XIII. — LA CONSOMMATION

La consommation doit être en rapport avec la production. — Par le travail, on parvient à *produire,* mais on ne produit pas au hasard. Le laboureur cultive les plantes utiles, et l'industriel fabrique les objets qu'il espère vendre ; tout ouvrier se demande à quel besoin il doit pourvoir, car si personne ne devait se trouver dans la nécessité vraie ou supposée de se procurer les produits de son industrie, il n'en retirerait rien. Ainsi, tout ce qui est fabriqué est destiné à être livré à quelque individu qui en fera usage. Cet usage, c'est la *consommation*.

Pour que l'industrie soit prospère, il faut qu'elle produise de quoi fournir aux besoins de la consommation, et non au delà. Quand une industrie se développe tout à coup d'une façon extraordinaire, il lui arrive de jeter dans le commerce beaucoup plus d'objets que le commerce ne peut en absorber ; dès lors cette industrie souffrira jusqu'à ce que la production et la consommation s'équilibrent. Si les ouvriers en masse se décidaient à se faire cordonniers, on aurait trop de chaussures, mais on manquerait d'étoffes, de charrues, de maisons, etc. Aussi doit-on bénir la Providence, qui a donné aux hommes des aptitudes et des goûts divers, si bien que l'on en trouve pour faire toutes les besognes et fournir à tous les besoins.

La consommation peut être *utile, productive, improductive et nuisible.*

Consommation utile et productive. — Un père de famille achète les choses nécessaires à l'entretien et à la nourriture de tous les siens : il fait une dépense ou une consommation utile ; il achète un outil, une machine, un champ, un cheval de travail : il fait une dépense productive, parce qu'il en retirera un avantage.

Il envoie ses enfants à l'école, leur achète des livres, etc.:

il fait une dépense ou une consommation productive, car il développe l'intelligence de ses enfants, ainsi que leurs facultés morales, et les met en mesure de mieux réussir dans leurs entreprises.

Il contribue aux frais du culte, à tout ce qui améliore les membres de la famille au point de vue religieux et moral : c'est encore une consommation utile, non seulement au point de vue des intérêts supérieurs de l'âme, auxquels il doit surtout veiller, mais encore au point de vue de l'économie et de l'épargne.

Il en est de même, proportion gardée, des impositions, de quelque nature qu'elles soient. Les dépenses auxquelles on pourvoit de cette sorte sont utiles à tous, bien que chacun ne voie pas toujours l'avantage personnel qu'il en retire.

Réprimer ses appétits, gouverner ses passions, sacrifier le présent à l'avenir, se soumettre à une privation actuelle en vue d'un avantage supérieur mais éloigné, ce sont les conditions essentielles pour former les capitaux. Il suffit de jeter un regard autour de soi pour rester convaincu que toutes nos forces, toutes nos facultés, toutes nos vertus, concourent à l'avancement de l'homme et de la société [1].

Consommation nuisible. — Par la même raison, il n'est aucun de nos vices qui ne soit une cause directe ou indirecte de misère. La paresse paralyse le nerf même de la production, l'effort ; l'ignorance et l'erreur lui donnent une fausse direction ; l'imprévoyance nous prépare des déceptions ; l'abandon aux appétits du moment empêche l'accumulation ou la formation du capital ; la vanité nous conduit à consacrer nos efforts à des satisfactions factices aux dépens de satisfactions réelles ; la violence, la ruse, provoquant des représailles, nous forcent à nous environner de précautions onéreuses, et entraînent ainsi une grande déperdition de forces [2].

Résumé.

1° Les produits fabriqués sont destinés à la *consommation*, c'est-à-dire aux besoins des populations ;

2° L'industrie est prospère quand la production égale, sans la dépasser, la consommation ;

3° La consommation utile est celle qui répond à un besoin réel : les dépenses faites pour la nourriture, le logement, le vêtement ; les frais d'éducation, de culte, les impôts, etc. ;

4° La consommation est nuisible, au contraire, quand elle a pour effet de satisfaire nos passions.

[1] Bastiat, *Harmonies économiques.* — Frédéric *Bastiat* (1801-1850) était originaire de Bayonne. Il commença à publier le fruit de ses études économiques en 1844. Il était *libre échangiste.*

[2] Bastiat, *Harmonies économiques.*

XIV. — La consommation (suite)

Dépenses improductives. — On peut ranger parmi les dépenses improductives celles qui sont occasionnées par la grêle, les incendies et autres accidents, qui détruisent sans profit pour personne. Quelques hommes ignorants ou irréfléchis ont coutume de dire alors : « Tant mieux, cela fera marcher le commerce. » Sans doute, il faut remplacer ce qui est détruit, mais ce n'est pas ainsi que marche le commerce. Le commerce marche bien dans une contrée riche ; dans une contrée pauvre, il ne va pas du tout. Or, toute destruction est une atteinte portée à la richesse ; le commerce ne peut qu'en souffrir.

Prenons pour exemple l'incendie d'une usine. Il faudra la rebâtir ; mais, en attendant, que d'ouvriers sans travail ! N'ayant pas de travail, ils ne reçoivent pas de salaire, et sont condamnés à se priver de beaucoup de choses qu'ils achèteraient s'ils avaient de l'argent. Ainsi les ouvriers du bâtiment vont gagner, mais combien de personnes perdront, sans compter le propriétaire de l'usine, qui, moins riche, achètera moins de meubles, moins de voitures de luxe, et restreindra toutes ses dépenses ordinaires, sur lesquelles les commerçants et les ouvriers font des bénéfices. On n'a donc jamais raison de se réjouir d'une destruction, quelle qu'en soit la cause.

Si la guerre est un grand fléau, c'est sans doute parce qu'elle occasionne la mort d'un grand nombre d'hommes ; mais c'est aussi parce qu'elle a pour effet de détruire une grande quantité de propriétés qui constituent la richesse des États ou des particuliers.

Dépenses que rien ne justifie. — Il y a des dépenses encore plus déplorables que celles qui sont occasionnées par ces destructions ; ce sont celles qui sont imposées par le vice, comme la passion du jeu, de la boisson et la débauche.

Prenons pour exemple la boisson. Pour ne parler que de l'eau-de-vie, on estime qu'en moyenne chaque habitant de Paris en consomme par an seize litres. Les ouvriers consomment, en général, une quantité d'eau-de-vie supérieure à la moyenne. A ce compte, une famille ouvrière composée de huit personnes en consommerait 148 litres par an ; en admettant que cette liqueur, prise en détail et par petits verres, ne revienne qu'à 2 fr. le litre, voilà une dépense de 296 fr. dans une année, et sans aucun profit. On aurait pu avoir pour cette somme 450 livres de bonne viande, c'est-à-dire une livre et demie par jour, ou presque la moitié de ce qui serait nécessaire au ménage. Or cette eau-de-vie est généralement employée à procurer l'ivresse, si funeste à la santé et aux bonnes mœurs. De sorte que l'individu qui a contracté cette mauvaise habitude peut se dire, quand il est en face de son verre, qu'il va perdre son argent, sa santé, sa réputation, son intelligence, se changer en bête, et quelquefois en bête féroce, puisque la plupart des querelles, des rixes, des tentatives d'assassinat prennent dans l'ivresse leur origine ; il peut ajouter avec certitude qu'il prépare des jours mauvais à lui et à sa famille.

L'usage du tabac produit des effets analogues, quoique moins désastreux pour l'ordinaire.

L'abus du tabac amène la destruction des dents, les maladies de l'estomac et de la poitrine, et prédispose à la folie; il provoque à boire et à s'éloigner de toute occupation sérieuse.

Tels sont, en abrégé, les fruits d'une funeste habitude contractée par un trop grand nombre de personnes. Voyons ce que l'on paye pour porter ainsi atteinte à sa santé et à sa dignité morale.

En France, on consomme annuellement pour plus d'un milliard de francs de tabac, ce qui fait environ 30 fr. par personne, en moyenne, en supposant que tout le monde use du tabac ; mais si l'on fait attention que les femmes et les enfants ne fument pas, et qu'un très grand nombre d'hommes s'abstiennent également de tabac, on arrive à une dépense moyenne de plus de 100 fr. pour chaque fumeur. Ajoutez cela à la dépense d'eau-de-vie, et voyez si les ouvriers ne pourraient pas trouver le moyen d'économiser, de placer quelque argent à la caisse d'épargne, à la *caisse des retraites pour la vieillesse*[1], ou à quelque *assurance sur la vie*, au lieu de le placer chez le cabaretier ou le marchand de tabac, lesquels n'ont à donner autre chose que des assurances d'infirmités, d'immoralité et de mort.

Le luxe peut-il être justifié? — Il faudrait d'abord avoir une bonne définition du *luxe*. Le luxe, peut-on dire, consiste à dépenser d'une façon ruineuse, et sans nécessité. Ce qui est de luxe pour l'ouvrier ne donne lieu qu'à une dépense légitime de la part de l'homme riche. Un père de

---

[1] La caisse des retraites pour la vieillesse a été établie en 1850. On y fait des dépôts dont l'intérêt accumulé est servi sous forme de retraite, mais après l'âge de cinquante ans seulement. Le maximum de cet intérêt est 1000 fr.

famille fume, s'achète des vêtements de prix, fait des voyages dispendieux, et ses enfants sont dans le besoin; il fait des dépenses luxueuses et immorales. Un autre a un château, un parc, des équipages, mais il possède une grande fortune. Il fait bien d'en faire arriver une partie aux ouvriers par ses dépenses. Une commune qui a des ressources bâtit une belle église, une maison d'école convenable, des fontaines, etc. Il ne faut pas l'en blâmer. Le luxe relatif est de bon goût.

Il y a des villages qui manquent d'eau et qui consomment en un seul jour de fête ce qu'il faudrait d'argent pour amener de l'eau et pour élever une fontaine sur leur place publique. Leurs habitants aiment mieux s'enivrer en l'honneur de leur patron pendant un jour, et aller péniblement, tous les autres jours de l'année, puiser de l'eau bourbeuse au sommet d'un coteau du voisinage. C'est en partie à la misère, en partie à des consommations mal entendues, qu'il faut attribuer la malpropreté qui environne la plupart des habitations des gens de la campagne. En général, un pays où l'on dépenserait soit dans les villes, soit dans les campagnes, en jolies maisons, en vêtements propres, en ameublements bien tenus, en instruction, une partie de ce qu'on dépense en jouissances frivoles et dangereuses; un tel pays, dis-je, changerait totalement d'aspect, prendrait un air d'aisance, serait plus civilisé, et semblerait incomparablement plus attrayant à ses propres habitants et aux étrangers[1].

Il suffît d'ajouter deux mots à ce passage pour conclure ce modeste ouvrage. Nos défauts et nos vices ne font pas seulement du ravage dans nos âmes et dans nos corps, ils s'attaquent aussi à notre bourse; et il est vrai de dire qu'un vice coûte plus à nourrir que deux enfants. Donc en travaillant à son perfectionnement moral, — avec l'aide de la religion, sans laquelle les cœurs s'affadissent, — on travaille indirectement, mais efficacement à se procurer du bien-être. « La charte fondamentale du véritable ordre social, disait Le Play, se trouvera toujours dans l'Évangile. »

Résumé.

1° Les dépenses improductives sont celles qui ne sont utiles à personne : ce qui est détruit par les accidents, incendies, inondations, etc.;

2° Les dépenses nuisibles sont celles qui ne répondent à aucun besoin, et entraînent un dommage. On peut ranger parmi ces dépenses celles qu'occasionnent l'abus des boissons, l'usage du tabac, etc.;

3° Ces dépenses représentent parfois des sommes considérables qui, épargnées, seraient d'un grand secours dans la vieillesse.

[1] J.-B. Say, *Traité d'économie politique*. — *Say*, économiste français (1767-1832).

EXERCICES

I

1° Faites voir en quoi l'école ressemble à la famille et en quoi elle en diffère.

2° Dites les bienfaits que vous avez reçus de vos parents jusqu'à ce jour.

3° Montrez que chacun a besoin des services d'autrui pour la nourriture, le vêtement, le logement, etc., et établissez sur cette donnée la nécessité de la société.

II

1° Ne devez-vous pas plus de reconnaissance à vos parents pour l soin qu'ils prennent de votre éducation que pour leurs autres bienfaits? Dites pourquoi.

2° Les parents ont-ils quelque moyen de punir ceux de leurs enfants qui manquent aux devoirs de la piété filiale? Ne trouvez-vous pas qu'il en doit être ainsi?

3° Est-ce par crainte de l'autorité paternelle que vous devez remplir vos devoirs? N'y a-t-il pas des motifs plus nobles?

III

1° Comparez l'organisation de votre commune à celle de la famille.

2° Quelles raisons avez-vous de respecter monsieur le maire de la commune?

3° Comprenez-vous pourquoi les délibérations du conseil municipal, quand il s'agit de dépenses, ont besoin d'être approuvées par l'autorité supérieure? Donnez vos raisons.

IV

1° Le préfet peut-il administrer le département comme il lui plaît? Qui contrôle son administration? Pourquoi ce contrôle?

2° Pourquoi le conseil général intervient-il dans le règlement des dépenses du département?

3° Quelle comparaison pouvez-vous faire entre l'administration du département et celle d'une commune?

V

1° Quelle est votre patrie? Comment le savez-vous? Quelles sont les raisons que vous avez de l'aimer?

2° Quelle différence faites-vous entre la *nation française* et l'*État français?* Devez-vous avoir pour l'État les mêmes sentiments que pour la nation? Pourquoi?

3° Est-il nécessaire que, dans une nation, soit organisé un gouvernement? Quel doit être le caractère de tout gouvernement?

VI

1° Quel avantage y a-t-il à ce que l'impôt soit consenti par le peuple ou ses représentants?

2° Est-ce un bien que tous les citoyens puissent aspirer à tous les emplois, pourvu qu'ils aient les qualités requises pour les exercer?

3° Faites voir comment l'État pourvoit aux besoins des malades et des nécessiteux.

VII

1° Montrez que tous les citoyens ne pourraient exercer directement leur part de souveraineté : dans la commune, dans le département, dans l'État.

2° Faites voir comment chacun prend part aux affaires de la commune, du département et de l'État, bien qu'un petit nombre s'en occupent directement.

VIII

1° Pourquoi la loi exige-t-elle que les électeurs aient un certain âge?

2° Pourquoi exige-t-elle que, pour être éligible, on ait plus de vingt et un ans?

3° Est-il important de voter?... de donner sa voix à des personnes sages, éclairées, consciencieuses? Pourquoi?

IX

1° Comprenez-vous pourquoi les pouvoirs *législatif, exécutif, judiciaire,* sont séparés, c'est-à-dire exercés par des personnes différentes? Donnez vos raisons.

2° Quel est le but auquel doivent tendre les trois pouvoirs *législatif, exécutif* et *judiciaire?* Montrez qu'en tendant à ce but ils travaillent au bien de la nation.

X

1° Pourquoi devons-nous surtout respecter la Constitution de notre pays?

2° Peut-on dire, d'une manière absolue, quelle est la meilleure forme de gouvernement? Pourquoi?

XI

En quoi diffèrent les pouvoirs du Président de la République de ceux d'un roi ?

XII

1º Pourquoi prend-on tant de précautions lorsqu'il s'agit de voter une loi ?

2º Pourquoi fait-on étudier et voter les lois par deux Chambres ?

XIII

1º Qui doit observer les lois ? Quelles raisons avez-vous d'être fidèles aux lois ? Y a-t-il des gens qui violent les lois ?

2º Qu'arrive-t-il à ceux qui ont violé la loi ? Approuvez-vous qu'ils soient punis ? Pourquoi ?

XIV

1º Dites pourquoi il y a un crucifix dans les salles d'audience des tribunaux. Quel effet la vue de ce crucifix peut-il faire sur les accusés, les témoins, les avocats, les juges ?

2º Pourquoi prend-on tant de précautions avant de rendre un jugement ? Pourquoi donne-t-on tant de garanties aux accusés, devant les cours d'assises, par exemple ?

XV

Pourquoi les soldats sont-ils jugés par des officiers ? les commerçants par des commerçants ? les patrons et les ouvriers par des patrons et des ouvriers ?

XVI

La liberté des cultes, telle qu'elle est établie par la loi, s'oppose-t-elle à ce que ceux qui sont dans la vérité cherchent à faire bénéficier leurs concitoyens du même avantage ?

XVII

Résumez en un court tableau tout ce qui est dit de la hiérarchie de l'Église.

XVIII

1º Montrez que les parents sont obligés par la loi morale de faire instruire leurs enfants. Dites quelle instruction ils sont tenus de leur procurer.

2º Comment peuvent faire les élèves des écoles publiques pour n'être pas privés de l'enseignement religieux ?

XIX

Quelle idée vous faites-vous d'une nation qui offre à ses enfants tant de moyens de s'instruire? Quelle conséquence tirez-vous pour vous-mêmes de ces réflexions?

XX

1º Faites voir la nécessité d'une armée dans une grande nation, et dites quels services elle rend.

2º Dites les qualités que doit avoir un bon soldat.

3º Pourquoi décore-t-on un soldat qui s'est distingué sur un champ de bataille?

XXI

Pourquoi un régiment attache-t-il tant d'importance à la conservation de son drapeau? Quand est-ce que le drapeau d'un régiment est décoré? Pourquoi?

XXII

1º Quels services rendent à la France ses représentants à l'étranger?

2º Quel avantage est-ce pour la France d'avoir un si vaste réseau de chemins de fer et de routes?

3º A quoi servent les concours et les expositions agricoles?

4º Y a-t-il avantage pour un pays à ce que ses exportations dépassent ses importations? Justifiez votre réponse.

XXIII

1º Dites pourquoi chaque citoyen doit acquitter l'impôt sans récriminer.

2º Faites voir que l'impôt indirect se justifie aussi bien que l'impôt direct.

3º Essayez de montrer l'utilité de la douane.

XXIV

1º Montrez que ceux qui ont l'habitude de trop boire et de fumer peuvent diminuer leurs impôts sans que le gouvernement ait à s'en plaindre.

2º Faites voir l'utilité des postes et des télégraphes.

DROIT PRATIQUE

I

Quelle est l'utilité des actes de l'état civil ?

II

1° Expliquer pourquoi la loi prend sous sa protection les mineurs. — Indiquez les inconvénients qui résulteraient de la suppression de cette protection.

2° Quelles sont les obligations du mineur envers son tuteur ?

III

1° Indiquez quelques-uns des résultats qu'entraînerait la suppression du droit de propriété, ou la mise en commun de tous les biens.

2° Montrez qu'un père de famille qui dispose envers l'un de ses enfants ou de quelque œuvre, etc., de la *quotité disponible*, ne fait pas tort à ses enfants.

IV

1° Qu'arrive-t-il lorsque quelqu'un ne remplit pas les conditions qu'il a acceptées en recevant une donation ?

2° Indiquez les différentes sortes de contrat, et montrez qu'ils obligent alors même qu'ils ne sont pas écrits.

ÉCONOMIE POLITIQUE

I

Montrer que c'est par le travail que l'homme se procure le pain quotidien et le bien-être.

II

1° Montrer, par des exemples, que l'homme a besoin de ses semblables.

2° Avantages que peuvent se procurer les ouvriers honnêtes en s'associant.

III

Faire voir que les machines diminuent les fatigues musculaires de l'ouvrier.

I-V

1º Nécessité d'épargner dès la jeunesse une partie du gain de chaque jour.

2º Faire voir que, par l'épargne, de simples ouvriers s'élèvent au rang de patrons.

V

Indiquer quelques moyens de faire des épargnes et de s'en assurer le fruit.

VI

Résumer les causes de la misère et indiquer les meilleurs moyens d'en atténuer les effets.

VII

De quelques institutions destinées à soulager la misère.

VIII

Montrer que les richesses ne peuvent être également réparties entre les hommes.

IX

Serait-il avantageux à la classe ouvrière que l'on supprimât tout d'un coup les droits de douanes?

X

Dites pourquoi il ne convient pas de se servir de plomb pour fabriquer la monnaie.

XI

Dans quel cas est-il permis de recevoir un intérêt pour les sommes que l'on prête?

XII

Entrer dans quelque détail au sujet des consommations productives. — Montrer que l'impôt est une dépense productive.

XIII

Parler de quelques dépenses improductives.

FIN

TABLE DES MATIÈRES

ENSEIGNEMENT CIVIQUE

Notions sommaires de droit pratique.

Économie politique.

28455. — Tours, imprimerie Mame.